苏·区·振·兴·八·周·年

U0610708

赣南苏区
产业振兴发展研究

（工业篇）

Research on Industrial Revitalization and
Development of Gannan Soviet Area (Industry)

刘善庆◎主编　张明林 曾令铭 林娟娟◎著

经济管理出版社
ECONOMY & MANAGEMENT PUBLISHING HOUSE

图书在版编目（CIP）数据

赣南苏区产业振兴发展研究（工业篇）/ 刘善庆主编；张明林，曾令铭，林娟娟著.
—北京：经济管理出版社，2020. 6
ISBN 978-7-5096-7246-4

Ⅰ.①赣…　Ⅱ.①刘…　②张…　③曾…　④林…　Ⅲ.①工业产业—产业发展—研
究—赣南地区　Ⅳ.①F269.275.6

中国版本图书馆 CIP 数据核字（2020）第 118120 号

组稿编辑：丁慧敏
责任编辑：丁慧敏　乔倩颖　张玉珠
责任印制：黄章平
责任校对：陈晓霞

出版发行：经济管理出版社
　　　　　（北京市海淀区北蜂窝 8 号中雅大厦 A 座 11 层　100038）
网　　址：www. E-mp. com. cn
电　　话：（010）51915602
印　　刷：北京晨旭印刷厂
经　　销：新华书店
开　　本：720mm×1000mm /16
印　　张：13. 5
字　　数：249 千字
版　　次：2020 年 6 月第 1 版　　2020 年 6 月第 1 次印刷
书　　号：ISBN 978-7-5096-7246-4
定　　价：69. 00 元

序　言

　　2018 年 8 月 28 日，江西省委书记刘奇在赣州举行的江西全省工业强省推进大会上指出，工业化是一个国家和地区发展的必由之路，是现代化不可逾越的历史阶段。进入高质量发展新阶段，我们要深刻认识到：工业始终是经济发展的主力军。工业稳则经济稳、财政稳、就业稳、社会稳。工业始终是三产繁荣的活力源。工业的兴盛带来人员流、物流、信息流、技术流、资金流的加速集聚，促进服务业的繁荣。绿色工业始终是生态环境的守护者。环保的刚性约束倒逼工业转型升级，促进绿色工业发展。只要跨过了绿色环保关，迎来的将是凤凰涅槃、一片坦途。2019 年 5 月 20 日，习近平总书记深入江西省赣州市就经济社会发展进行考察调研，首先考察了位于赣州市的江西金力永磁科技股份有限公司，详细了解了素有"工业维生素""工业黄金""新材料之母"的稀土产业发展情况，主持召开了推动中部地区崛起工作座谈会并发表了重要讲话，习近平总书记特别强调要推动制造业高质量发展，主动融入新一轮科技和产业革命，加快数字化、网络化、智能化技术在各领域的应用，推动制造业发展质量变革、效率变革、动力变革。习近平总书记指出，江西要"在加快革命老区高质量发展上作示范、在推动中部地区崛起上勇争先"的目标定位。历年来，江西省委、省政府高度重视工业的发展，全省上下紧紧围绕工业强省战略，推动全省工业经济平稳健康发展。

　　赣州市作为江西省重点打造的省域副中心城市，赣州市坚持以习近平新时代中国特色社会主义思想为指导，从更高层次贯彻落实习近平总书记对江西和赣州工作的重要要求，坚持新发展理念，坚定不移主攻工业，大力实施工业强市战略。2019 年 2 月，赣州市委书记李炳军在全市主攻工业发展大会强调，赣州市上下务必坚定主攻工业战略定力不动摇，务必坚持主攻工业首位战略不动摇，大力实施"主攻工业，三年再翻番"，以工业的强势崛起为高质量、跨越式发展注入强大动力，为同步全面小康提供有力支撑。新中国成立 70 多年来，特别是自《国务院关于支持赣南等原中央苏区振兴发展的若干意见》出台以来，赣州市上下紧紧围绕"两个翻番、三个提升、四个突破"的目标任务，坚定不移抓产业、抓项目、抓企业、抓园区，千方百计提质量、调结构、增效益，赣州工业发展方面取得了丰硕成果。2018 年，赣州市实现主营业务收入 2923.9 亿元，同比增长 16.7%，增速位列全省第一，实现利润178.2亿元，同比增长14.6%；全市规模以上工业企业完成增加值同比增长9.5%；全市工业固定资产投资增长19.8%，位列全省第一，增速分别高于全省、全国6.7个、13.3个百分点；全市规模以上工业企业总数大幅增长，企业户数和净增企业数继续稳居全省第一。目前，赣州全市拥有11个省级重点产业集群和2个省级战略性新兴产业集聚区。赣州新能源汽车科技城初步形成"整车+零部件+研发+检测+汽车文化"的完整产业链，国机智骏汽车有限公司、山东凯马汽车制造有限公司顺利整车下线；现代家居城实现"木材买全球、家具卖全球"，家具产业年产值突破1600亿元；中国稀金谷与中科院海西研究院等8家单位达成合作，引进中科拓又达等一批产业项目，推动产业链不断向后端延伸；青峰药谷建成国家高层次人才产业园，集药材种植加工、药品研发制造、医药健康旅游为一体的大健康产业集群规模初显；赣粤电子信息产业带五县（区）协同融合，智能终端、智能光电、软件服务等新兴电子信息产业集群加速壮大。赣闽纺织服装产业带五县协同、错位发展，产业链不断延伸，汇集了众多知名服装企业。

2019年1月和7月，江西师范大学苏区振兴研究院赴赣州市各县（市、区）展开深入调研，在广泛调研的基础上由江西师范大学张明林教授、曾令铭以及林娟娟等人完成材料组织和撰写。全书分为三篇共十四章，第一篇是综合篇；第二篇是产业篇；第三篇是专题篇。第一篇共分为四章：第一章是我国工业发展基本情况；第二章是赣南苏区工业发展态势；第三章是赣南苏区区域工业发展差异分析；第四章是赣南苏区"两城两谷一带"发展战略。第二篇共分为六章：第五章是赣南苏区能源与电力振兴发展；第六章是赣南苏区食品加工业振兴发展；第七章是赣南苏区服装工业振兴发展；第八章是赣南苏区新能源汽车产业发展；第九章是赣南苏区现代家具产业振兴实践；第十章是赣南苏区矿业振兴发展。第三篇共分为四章，第十一章是赣南苏区培育新动能的实践；第十二章是赣州市建设全国加工贸易承接转移示范地；第十三章是赣州市创建"中国制造2025"试点的思考；第十四章是矿山整治及资源枯竭型城市转型实践——以龙南县为例。全书大纲由张明林教授拟定，具体作者分工如下：曾令铭撰写第一章至第八章，共计10.5万字左右；林娟娟撰写第九章至第十四章，共计10万字左右。全书由张明林教授统稿。

总体来说，本书紧紧围绕赣南苏区工业发展：有对赣南苏区的工业振兴发展情况的整体分析，也有对赣南苏区主要工业产业振兴发展进行的深入探究，还有对赣南苏区培育发展新动能的深入思考。全书描述了赣南苏区工业产业振兴发展的典型和先进发展范例，总结了赣南苏区工业产业发展的突破和创新式的发展经验，提出了赣南苏区培育经济动能的建议思考，为今后我国其他地区工业发展提供了重要借鉴。

目　录

综合篇

第一章　我国工业发展基本情况 ················· 003

第一节　产业概述 ····························· 003

第二节　工业产业及其分类 ····················· 005

第三节　我国工业部门及其发展 ················· 009

第四节　我国工业经济面临的挑战 ··············· 014

第二章　赣南苏区工业发展态势 ················· 019

第一节　赣州市工业发展情况 ··················· 019

第二节　赣州市工业细分行业发展情况 ··········· 022

第三节　赣州市工业细分行业投资情况 ··········· 028

第四节　赣州市工业发展面临的挑战 ············· 034

第三章　赣南苏区区域工业发展差异分析 ········· 039

第一节　区域经济差异研究方法介绍 ············· 039

第二节　赣南苏区工业发展差异的时间演变特征 ··· 044

第三节　赣南苏区工业发展差异的空间格局及演化 · 047

第四节　赣南苏区工业发展空间关联及演化分析 ··· 049

第五节　结论与讨论 ························· 053

第四章　赣南苏区"两城两谷一带"发展战略 ·········· 055

第一节　"两城两谷一带"战略绩效 ·········· 055

第二节　"两城两谷一带"战略实施存在的问题 ·········· 060

第三节　推进赣南苏区"两城两谷一带"战略对策 ·········· 062

产业篇

第五章　赣南苏区能源与电力振兴发展 ·········· 069

第一节　赣南苏区能源基础与发展现状 ·········· 069

第二节　赣州市能源与电力工业发展面临的问题 ·········· 073

第三节　推进赣州市能源与工业发展的建议 ·········· 076

第六章　赣南苏区食品加工业振兴发展 ·········· 081

第一节　赣州市食品加工业发展概况 ·········· 081

第二节　赣州市食品加工业龙头企业介绍 ·········· 083

第三节　赣南苏区食品加工业发展面临的问题与对策 ·········· 089

第七章　赣南苏区服装工业振兴发展 ·········· 093

第一节　赣州市现代服装工业振兴发展现状 ·········· 093

第二节　赣州市服装工业及相关龙头企业介绍 ·········· 096

第三节　赣南苏区现代服装工业发展面临的问题与对策 ·········· 102

第八章　赣南苏区新能源汽车产业发展 ·········· 105

第一节　新能源汽车产业特征及重要意义 ·········· 105

第二节　赣州市发展新能源汽车面临的问题 ·········· 107

第三节　赣州市新能源汽车产业发展路径 ·········· 109

第九章　赣南苏区现代家具产业振兴实践 ·············· 117

　　第一节　南康区家具产业发展历程与现状 ············· 117
　　第二节　赣州市南康家居小镇 ·············· 122
　　第三节　赣州市南康家居产业龙头企业 ············· 125
　　第四节　赣州市家具产业发展现状、问题及对策 ············· 130

第十章　赣南苏区矿业振兴发展 ·············· 137

　　第一节　赣南苏区矿业发展概况 ············· 137
　　第二节　赣南苏区现代矿业企业及项目 ············· 140
　　第三节　赣南苏区矿业"走出去"面临的问题与对策 ············· 145
　　第四节　赣南苏区矿业发展路径选择 ············· 148

专题篇

第十一章　赣南苏区培育新动能的实践 ·············· 153

　　第一节　赣南苏区培育新经济的主要做法和成效 ············· 153
　　第二节　赣南苏区培育新经济、新动能的主要困难和问题 ············· 159
　　第三节　赣南苏区培育新经济、新动能的思路和建议 ············· 162

第十二章　赣州市建设全国加工贸易承接转移示范地 ·············· 173

　　第一节　国内外加工贸易产业流动的特点 ············· 173
　　第二节　赣州市加工贸易产业发展现状 ············· 174
　　第三节　赣州市发展加工贸易产业相关思考 ············· 178

第十三章　赣州市创建"中国制造2025"试点的思考 ·············· 181

　　第一节　赣州市创建"中国制造2025"试点示范城市的现状 ············· 181
　　第二节　赣州市创建"中国制造2025"试点示范城市面临的问题 ······ 184

第三节 创建"中国制造2025"试点示范城市的实施路径和具体
举措 ··· 185

第四节 加快创建"中国制造2025"试点示范城市需向上争取的
政策和事项 ··· 188

第十四章 矿山整治及资源枯竭型城市转型实践
——以龙南县为例 ································· 191
第一节 关于龙南县矿山整治的情况 ································ 191
第二节 关于龙南县资源枯竭型城市转型发展的思考 ·········· 195

参考文献 ··· 201

综合篇

第一章 我国工业发展基本情况

第一节 产业概述

一、产业内涵

产业是指由利益相互联系的、具有不同分工的、由各个相关行业所组成的业态总称。尽管它们的经营方式、经营形态、企业模式和流通环节有所不同，但是，它们的经营对象和经营范围均是围绕共同产品展开的，并且可以在构成业态的各个行业内部完成各自的循环。产业是社会分工的产物，它随着社会分工的产生而产生，并随着社会分工的发展而发展。产业具有如下含义：

（1）产业是社会分工的产物。

（2）产业是社会生产力不断发展的必然结果。

（3）产业是具有某种同类属性的企业其经济活动的集合。

（4）产业是介于宏观经济与微观经济之间的中观经济。

（5）产业的含义具有多层次性。

（6）随着社会生产力水平不断提高，产业的内涵不断充实，其外延不断扩展。

二、产业层次

为适应产业经济学在各个领域中进行产业分析时的不同需要，可将产业划分成若干层次，这就是"产业集合"的阶段性。具体地讲，产业在产业经济学中有三个层次：

（1）第一层次：以同一商品市场为单位划分的产业，即产业组织。现实中的企业关系结构在不同产业中是不相同的。产业内的企业关系结构对该产业的经济效益有极其重要的影响，要实现某一产业的最佳经济效益须使该产业符合两个条件：①在该产业内的企业关系结构使企业有足够改善经营、提高技术、降低成本的压力；②充分利用"规模经济"，使该企业的产品单位成本最低。

（2）第二层次：以技术和工艺的相似性为根据划分的产业，即产业联系。一个国家在一定时期内所进行的社会再生产活动，各个产业部门通过一定的经济技术关系进行着投入和产出，即中间产品的运动，它真实反映了社会再生产活动中的比例关系及变化规律。

（3）第三层次：以经济活动阶段为根据，将国民经济划分为若干大类，即产业结构。

三、产业分类

20世纪20年代，国际劳工组织最早对产业做了比较系统的划分，即把一个国家的所有产业分为初级生产部门、次级生产部门和服务部门。后来，许多国家在划分产业时都参照了国际劳工组织的分类方法。在第二次世界大战后，西方国家大多采用了三次产业分类法。

在中国，产业的划分是第一产业为农业，包括农、林、牧、渔各业；第二产业为工业，包括采掘、制造、电力、建筑等各业；第三产业分为流通和服务两部分，共四个层次：

（1）流通部门。包括交通运输、邮电通信、商业、饮食、物资供销和仓储等业。

（2）为生产和生活服务的部门。包括金融、保险、地质普查、房地产、公用事业、居民服务、旅游、咨询信息服务和各类技术服务等业。

（3）为提高科学文化水平和居民素质服务的部门。包括教育、文化、广播、电视、科学研究、卫生、体育和社会福利等业。

（4）为社会公共需要服务的部门。包括国家机关、政党机关、社会团体以及军队和警察等。

第二节 工业产业及其分类

一、工业定义

工业（Industry）主要是指原料采集与产品加工制造的产业或工程。工业是社会分工发展的产物，经过手工业、机器大工业、现代工业三个发展阶段。工业是第二产业的重要组成部分，主要分为轻工业和重工业两大类。2014年，中国工业生产总值达4万亿美元，超过美国成为世界头号工业生产国。18世纪英国出现的工业革命，使原来以手工技术为基础的工厂手工业逐步转变为机器大工业，工业才最终从农业中分离出来并成为一个独立的物质生产部门。随着科学技术的进步，现代工业在20世纪40年代后期开始，以生产过程自动化为主要特征，采用电子控制的自动化机器和生产线进行产品生产。19世纪70年代后期，尤其是进入20世纪80年代后，以微电子技术为中心，包括生物工程、光导纤维、新能源、新材料和机器人等新兴技术和新兴工业蓬勃兴起。这些新技术革命，正在改变着工业生产的基本面貌。

二、工业的地位

工业是现代劳动手段（其中首先是生产工具）的唯一生产部门，它决定着国民经济现代化的速度、规模和水平，在当代世界各国国民经济中起着主导作用。工业还为自身和国民经济其他各部门提供原材料、燃料和动力，为人民物质文化生活提供工业消费品；工业还是国家财政收入的主要来源，是国家经济自主、政治独立、国防现代化的根本保证。除此以外，在社会主义条件下，工业的发展还是巩固社会主义制度的物质基础，是逐步消除工农差别、城乡差别、体力劳动和脑力劳动差别的主要方式，是推动社会主义向共产主义过渡的前提条件。

工业是国民经济中最重要的物质生产部门。工业生产主要是对自然资源以及原材料进行加工或装配的过程。这是一个工资相对较高，但工作也比较艰苦的行业。对从事此行业的劳动者要求具有一定的体能和技能。

三、工业分类

（一）国际工业分类

根据社会生产活动的历史发展顺序对产业结构进行划分，产品直接来源于自然界的部门称为第一产业，对初级产品进行再加工的部门称为第二产业，为生产和消费提供各种服务的部门称为第三产业。其中，第二产业是三大产业的核心，对第一产业的发展具有带动作用，对第三产业的发展起到支撑作用。根据国务院办公厅转发的国家统计局关于建立第三产业统计报告上对我国三次产业划分的意见，即第二产业分为采矿业，制造业，电力、热力、燃气及水生产和供应业以及建筑业（见表1-1）。其中，采矿业，制造业，电力、热力、燃气及水生产和供应业三者统称为工业。

表1-1 国民经济行业第二产业分类

门类	大类	名称
B 采矿业	06	煤炭开采和洗选业
	07	石油和天然气开采业
	08	黑色金属矿采选业
	09	有色金属矿采选业
	10	非金属矿采选业
	11	开采专业及辅助性活动
	12	其他采矿业
C 制造业	13	农副食品加工业
	14	食品制造业
	15	酒、饮料和精制茶制造业
	16	烟草制品业
	17	纺织业
	18	纺织服装、服饰业
	19	皮革、毛皮、羽毛及其制品和制鞋业
	20	木材加工和木、竹、藤、棕、草制品业

门类	大类	名称
	21	家具制造业
	22	造纸和纸制品业
	23	印刷和记录媒介复制业
	24	文教、工美、体育和娱乐用品制造业
	25	石油、煤炭及其他燃料加工业
	26	化学原料和化学制品制造业
	27	医药制造业
	28	化学纤维制造业
	29	橡胶和塑料制品业
	30	非金属矿物制品业
	31	黑色金属冶炼和压延加工业
C 制造业	32	有色金属冶炼和压延加工业
	33	金属制品业
	34	通用设备制造业
	35	专用设备制造业
	36	汽车制造业
	37	铁路、船舶、航空航天和其他运输设备制造业
	38	电气机械和器材制造业
	39	计算机、通信和其他电子设备制造业
	40	仪器仪表制造业
	41	其他制造业
	42	废弃资源综合利用业
	43	金属制品、机械和设备修理业
D 电力、热力、燃气及水生产和供应业	44	电力、热力生产和供应业
	45	燃气生产和供应业
	46	水的生产和供应业

第一章 我国工业发展基本情况

续表

门类	大类	名称
E 建筑业	47	房屋建筑业
	48	土木工程建筑业
	49	建筑安装业
	50	建筑装饰、装修和其他建筑业

资料来源：根据《国民经济行业分类》（2019 年修订）整理而得。

（二）轻重工业分类

第一种划分标准是根据产品单位体积的相对重量将工业划分为轻工业和重工业。产品单位体积重量重的工业部门是重工业部门，产品单位体积重量轻的工业部门是轻工业部门。属于重工业的工业部门有钢铁工业、有色冶金工业、金属材料工业和机械工业等。由于在近代工业的发展中，化学工业居于十分突出的地位，因此，在工业结构的产业分类中，往往把化学工业独立出来，同轻工业、重工业并列。这样，工业结构就由轻工业、重工业和化学工业三大部分构成。常常有人把重工业和化学工业放在一起，合称重化工业，同轻工业相对。另外一种划分轻工业、重工业的标准是把提供生产资料的部门称为重工业，生产消费资料的部门称为轻工业。以上这两种划分标准是有区别的。

国家统计局对轻、重工业的划分接近于后一种标准，《中国统计年鉴》中对重工业的定义是为国民经济各部门提供物质技术基础的主要生产资料的工业。轻工业是主要提供生活消费品和制作手工工具的工业。在研究中，如上文所述，常将重工业和化学工业合称为重化工业。

1. 重工业

重工业是指为国民经济各部门提供物质技术基础的主要生产资料的工业。按其生产性质和产品用途，可以分为下列三类：

（1）采掘（伐）工业，是指对自然资源的开采，包括石油开采、煤炭开采、金属矿开采、非金属矿开采和木材采伐等工业。

（2）原材料工业，是指向国民经济各部门提供基本材料、动力和燃料的工业。包括金属冶炼及加工、炼焦及焦炭、化学、化工原料、水泥、人造板以及电力、石油和煤炭加工等工业。

（3）加工工业，是指对工业原材料进行再加工制造的工业。包括装备国民经济各部门的机械设备制造工业、金属结构、水泥制品等工业，以及为农业提供的生产资料如化肥、农药等工业。

2. 轻工业

轻工业是指主要提供生活消费品和制作手工工具的工业。按其所使用的原料不同，可分为两大类：

（1）以农产品为原料的轻工业，是指直接或间接以农产品为基本原料的轻工业。主要包括食品制造、饮料制造、烟草加工、纺织、缝纫、皮革和毛皮制作、造纸以及印刷等工业。

（2）以非农产品为原料的轻工业，是指以工业品为原料的轻工业。主要包括日用化学制品、日用玻璃制品、日用金属制品、化学纤维及其制品、火柴、生活用木制品及塑料制品等工业。

第三节　我国工业部门及其发展

工业一直被称为国民经济的主导产业。中国的工业主要以基础工业部门为主。包括能源工业、钢铁工业、机械工业、高新工业等。

一、能源工业

主要包括煤炭、石油与天然气、电力三个部门。由于这三者的开发与生产条件、生产工艺和运输条件均不同，故生产布局各具特点。煤炭资源的数量、质量、品种和开发条件、分布状况决定其开发规模和增长效益，制约着煤炭工业发展的可能性和其在地区及全国的地位。一个煤田是否能开发或优先布局，除资源条件外，经济地理位置也有重要影响。地理位置优越，如煤田靠近能源消费中心，拥有利于大规模建设的交通运输条件，常得到优先开发。石油工业主要包括采油、采气和油气炼制。石油与天然气的开发与布局取决于油气资源蕴藏量与赋存条件，油气田的地理位置对油气田的开发先后有重要影响。若油气田交通位置好，又靠近经济发达地区，其开发价值则会更大。相反，开发那些边远地区、交通不便的油气田，困难则会更大。炼油工业布局既受资源条件影响，又受市场吸引。因石油产品品种复杂，对运输条件要求较高，运输成品油不如运输原油经济。随着炼油企业日益发展成为石油化工联合企业，炼油工业企业多趋向于在消费区建设工厂。电力工业主要包括火电、水电和核电。火电厂布局首先要考虑燃料来源和负荷位置，水源也是较重要的条件。水电站布局受水力资源制约，其建设与河流综合开发利用密切相关。核电站使用的核燃料数量较少，其布局不受资源条件限制，但受水源条件影响较大。宜布局在靠近充足水源、又远离稠密居民点的消费地。

中国是世界最大的产煤国。煤炭在中国经济社会发展中占有极为重要的地位，全国70%的工业燃料和动力、80%的民用商品能源、60%的化工原料是由煤炭提供的。1991年，我国原煤产量达1087.4百万吨，其中统配煤矿占44.2%，地方国营煤矿占18.7%，乡镇和个体煤矿占36.7%。年产10百万吨以上的大型矿区有山西大同、西山、阳泉、晋城，河北开滦、峰峰，河南平顶山、义马，黑龙江鹤岗、鸡西、双鸭山，安徽淮北，江苏徐州，辽宁阜新、铁法，山东兖州。

中国是世界上最早发现和利用石油的国家之一。从勘探、开采到加工石油一系列过程均是由石油部门所完成。为国民经济各部门提供各种燃料油，其中包括天然石油和油页岩的勘探、开采、炼制、储运等生产单位。中国石油工业的分布与石油资源的分布基本上一致。中国的石油工业主要分布于中国北部地区。如黑龙江大庆、山东胜利、新疆克拉玛依等地。

电力工业是将煤炭、石油、天然气、核燃料、水能、海洋能、风能、太阳能、生物质能等一次能源经发电设施转换成电能，再通过输电、变电与配电系统供给用户作为能源的工业部门，电力工业是专门从事生产、输送和分配电能的工业部门，包括发电、输电、变电、配电等环节。电能的生产过程和消费过程是同时进行的，既不能中断，又不能储存，需要统一调度和分配。电力工业为工业和国民经济其他部门提供基本动力，随后在条件具备的地区建设了一批大、中型水电站，是国民经济发展的先行部门。电力工业主要包括五个生产环节：①发电，包括火力发电、水力发电、核能发电和其他能源发电；②输电，包括交流输电和直流输电；③变电；④配电；⑤用电，包括用电设备的安装、使用和用电负荷的控制，以及将这五个环节所存在的设备连接起来的电力系统，此外，还包括规划、勘测设计和施工等电力基本建设，电力科学技术研究和电力机械设备制造。

二、钢铁工业

钢铁工业也称黑色冶金工业。钢铁工业是重要的基础工业部门，是发展国民经济与国防建设的物质基础。冶金工业的水平也是衡量一个国家工业化的标志。

钢铁工业是庞大的重工业部门。其原料、燃料及辅助材料的资源状况影响着钢铁工业的规模、产品质量、经济效益和布局方向。

铁矿石是钢铁工业的主要原料。铁矿主要集中在内蒙古包头市的白云鄂博矿区。白云鄂博，蒙语又名"白云博格都"，蒙古语意是富饶的圣山。白云鄂博是一座巨大的多金属共生矿床。铁矿石、稀土和稀有金属的储量都极为丰富。其中，铁矿含铁33%，同时伴生有稀土13%、钒0.2%、萤石16.5%。白云鄂博稀土矿的总储量比世界上其他各国的总和还要多。

川西—攀枝花地区。攀西成矿带已探明有工业储量的矿产47种，产地207个，其中钒钛磁铁矿达98.86亿吨，占全国铁矿储量的20%，钒、钛储量也非常丰富。雅砻江、金沙江流经攀枝花，因此攀西成矿带是水能资源和矿产资源相结合的一块宝地。

新疆维吾尔自治区内铁矿以储量丰富分布广、类型齐全富矿多为特点。现已探明一批大、中型矿产地。如哈密地区新发现的大型富铁矿群——磁海铁矿，含铁品位为40%~65%。在它的附近有六个中型矿。又如哈密天湖铁矿、莫托沙拉锰矿床，大多含铁达56%。

云南省内铁矿资源较为丰富，全省储量达12.8亿吨，富矿占1/4，现有产地71处，已建矿山13处。如大红山铁矿是伴有金、铱、钴等多种金属的大型富矿。

其他矿区如贵州的水城观音山、赫章铁矿山，宁夏的石嘴山，广西的灵川、环江、雅脉等地也都有相当丰富的铁矿资源。

焦炭是钢铁工业的燃料。炼焦煤资源主要分布在内蒙古西部乌达和渤海湾地带、中部准格尔大煤田，所生产的焦煤主要供应包头钢铁厂；贵州的六盘水煤矿，是全国重点焦炭基地之一，所生产的焦炭除供应攀枝花钢铁厂外，还供应我国西南地区和广东广西地区的钢铁企业；宁夏石炭井所生产的焦炭主要供应包头钢铁（集团）有限责任公司和首钢集团等；另外在新疆、云南也有相当数量的焦煤生产。

钢铁工业辅助原料资源。钢铁工业除需要大量铁矿石、焦炭为主要原料外，还需锰矿、石灰石、白云石、萤石、硅石及耐火材料等辅助材料。

锰矿称为黑色金属资源，它是铁合金原料，它能增加钢铁的硬度、延展性、韧性和抗磨能力，同时还是高炉的脱氧脱硫剂。中国锰矿储量达4亿吨左右，居世界第四位。广西锰矿总储量占全国1/3，遍布全省区34个县市，其中以桂平、钦州最为集中，其年产量占全国50%左右。贵州锰矿也有相当储量，集中于遵义市郊。

熔剂石灰石、白云石以及萤石、硅石等，储量大，分布广。相对集中于我国中南地区，其中硅石则以西北地区为最多。

三、机械工业

机械工业素有"工业的心脏"之称。它是其他经济部门的生产手段，也可说是一切经济部门发展的基础。它的发展水平是衡量一个国家工业化程度的重要标志。

在中华人民共和国成立之前，机械工业多为一些规模小、设备简陋、生产能力低下的机器装配、修理与零件制造业，在整个国民经济中占比甚小，而且绝大部分又集中在沿海地区和内地的太原、重庆、武汉等少数几个城市。

在中华人民共和国成立之后，随着国家机械工业的迅速发展。机械工业从制造一般机电产品到制造大型复杂的精密设备，甚至是可以生产高端电子产品，并在各省区已形成了一个门类比较齐全的工业部门。我国已基本建立布局日趋合理、具有一定规模和技术水平的现代化机械工业系统。并出现了一批如交通运输设备制造、电气机械和器材制造、仪器仪表及计量器具制造等门类的机械工业基地，主要集中在呼和浩特、银川、乌鲁木齐、昆明、贵阳、南宁、柳州、梧州等市。

但这仍不能满足我国经济日益发展的需要。主要出现的问题为，基础差、生产水平较低、设备陈旧耗能高、经济效益差、交通不便、信息不灵、应变能力差、管理落后、产品单一、缺乏竞争力等。所以，这几年来各省区在"调整、改革、整顿、提高"的方针指引下，以经济效益为中心，狠抓机械工业的高速和改革、技术改造、产品更新，使机械工业得到更加协调、健康地发展。

机械工业按其服务对象，可分为工业设备制造业、农业机械制造业、运输机械制造业。

（一）工业设备制造业

工业设备制造业是指生产装备工业本身的各种机器设备的企业。主要包括重型机械、通用机械、机床工具、仪器仪表、电器制造和轻纺工业设备。中国工业设备制造业很少有全国意义上的大型企业，但各省区都普遍建立了一批中小型企业，不断增加新品种，对地方的经济发展起到了积极作用。如之前广西在机械工业方面十分落后，当时最大的柳州中国农机公司（柳州机械厂的前身）仅有 28 台破旧机床和 220 名职工，只能生产手摇榨油机、畜力榨蔗机等简易产品。中华人民共和国成立后，广西机械工业得到迅速发展。全区已逐步形成了农机工业、电器工业、机床工具工业、石油化工通用机械工业、仪器仪表工业、重型矿山机械工业、汽车工业、包装机械工业、通用基础零件工业和轴承工业等门类较齐全的10多个制造行业，主要产品达2000多种，其中有80多种曾获国家、机械工业部、自治区优质产品奖称号。并有机床、锻压设备、家用电器、手扶拖拉机、微型汽车等30多种产品，远销东南亚国家及法国、美国、日本等20多个国家和地区。另外，内蒙古、云南、宁夏等省区工业设备制造业发展也很快，拥有柳州、南宁、桂林、梧州、呼和浩特、包头、集宁、乌兰浩特、海拉尔、昆明、银川、吴忠等工业设备制造基地。

(二) 农业机械制造业

农业机械制造业是建设现代农业必不可少的重要部分，包括农、林、牧、副、渔业生产所需要的各种机械。民族地区地域辽阔，长期以来农业生产占据重要地位，对各种农业机械有着广泛的市场和需求。在众多的农业机械中，拖拉机是最基本的农业机械。柳州是全国八大拖拉机生产基地之一，乌鲁木齐、喀什、西宁、银川、昆明、贵阳等地有各种类型的农机企业，内蒙古呼伦贝尔海拉尔区为牧业机械主要产地，其他农具与配件生产则遍布各省、自治区。

(三) 运输机械制造业

交通运输业是国民经济的重要组成部分，运输机械制造业的发展对促进民族地区交通运输的现代化具有十分重要的意义。运输机械制造包括铁路机车车辆、汽车、船舶和飞机制造等。由于民族地区工业基础薄弱，运输机械制造业发展较为缓慢，主要以生产汽车和摩托车等为主。

四、高新工业

高新技术产业以高新技术为基础，产品的主导技术必须属于所确定的高技术领域，而且必须包括在高技术领域中处于技术前沿的工艺或技术突破。根据这一标准，高新技术产业主要包括信息技术、生物技术、新材料技术三大领域。从21世纪50年代起步以来，高新工业对促进科技成果的转化，培育创新型的高科技企业和企业家，孕育新的技术革命和新兴产业，推进新经济的发展进程发挥了根本性的推动作用，推动高新工业发展成为一个国家和地区实现高新技术产业化、促进经济增长和社会持续发展的有效方式和重要手段。

中国高新技术产业开发区以智力密集和开放环境条件为依托，主要依靠国内的科技和经济实力，充分吸收和借鉴国外先进科技资源、资金和管理手段，通过实施高新技术产业的优惠政策和各项改革措施，实现软硬环境的局部优化，最大限度地把科技成果转化为现实生产力而建立起来的集中区域。

建设高新技术产业开发区，是中国经济和科技体制改革的重要成果，是符合中国国情的发展高新技术产业的有效途径。现阶段要进一步依靠体制创新和科技创新，强化功能建设，营造吸引优秀科技人员和经营管理者创新创业的良好环境。高新技术产业开发区成为科技创新和产业化发展的重要基地，在区域经济发展中发挥辐射和带动作用。

高新工业发展的领域包括：

（1）电子与信息技术。

（2）生物工程和新医药技术。

（3）新材料及应用技术。

（4）先进制造技术。

（5）航空航天技术。

（6）海洋工程技术。

（7）核应用技术。

（8）新能源与高效节能技术。

（9）环境保护新技术。

（10）现代农业技术。

（11）其他在传统产业改造中应用的新工艺、新技术。

近年来，我国高新技术产业开发区的建设日臻成熟，创业和产业发展环境良好，创新体系和整体功能齐备，自主创新和发展能力强劲，拥有独特的创业文化氛围，基本完成创新建设阶段的主要任务，全面实施高新技术产业开发区、产业带和技术密集区的发展战略，若干具有国际一流水平和一批具有国际水平的科技工业园区脱颖而出，基本实现高新技术产业开发区点、线、面的纵深战略发展，形成我国高新技术产业的强大实力和国际竞争力，从整体上优化我国的产业结构。

第四节　我国工业经济面临的挑战

2018 年第一季度，我国工业增加值同比增长 6.8%，工业经济将在合理区间内稳定运行。当前，我国工业领域有利因素不断积累，一些指标出现积极变化，如供给侧结构性改革红利持续释放、新旧动能转换加速推进、主要工业品消费稳定增长、市场预期总体向好，这些变化促使工业运行稳中向好的基础进一步夯实。但工业运行中的矛盾和问题依然突出，如工业投资增速下行压力仍然较大、工业品出口面临的外部环境不确定性加大、新兴产业对工业经济增长的支撑作用减弱、资源环境对工业生产的约束作用加强等，这些问题仍需高度重视和妥善解决。在一系列供给侧结构性改革措施的推动下，未来一段时间内，我国工业经济将继续在合理区间内稳定运行，规模以上工业增加值增长 6.6% 左右。总体上来看，我国工业经济面临四大挑战。

一、新兴产业的引领性和支撑性亟待加强

从增速看，2018 年第一季度，装备制造业、高技术制造业和工业战略性新兴产业增加值分别同比增长 8.8%、11.9% 和 9.6%，增速分别较 2017 年同期回落 3.2%、1.5% 和 0.7%；相比规模以上工业增速的领先幅度也由 2017 年同期的 5.2%、6.6% 和 3.5% 收窄至 2.0%、5.1% 和 2.8%。从占比看，2018 年第一季度，装备制造业增加值占规模以上工业比重为 32.2%，与 2017 年同期持平，但较 2017 年全年下降 0.5 个百分点；高技术制造业增加值占规模以上工业比重为 12.7%，较 2017 年同期提高 0.5 个百分点，与 2017 年全年持平。综合来看，2018 年第一季度，以装备制造业、高技术制造业和工业战略性新兴产业为代表的新兴产业增加值增速都出现不同程度的回落，增加值占比提升非常缓慢。这表明新兴产业对整个工业经济的引领性、带动性、支撑性都有所减弱。要推进工业继续迈向中高端，推动产业结构转型升级，还须下大力气培育壮大新兴产业。

二、工业投资增速下行压力仍然较大

2018 年第一季度，受电力、热力、燃气及水生产和供应业投资大幅下降的拖累，工业投资增速降至 2%，创历史新低，较 2017 年同期增速放缓 2.9 个百分点，回落态势较为明显。投资对稳定工业生产至关重要，但工业投资增速要实现企稳回升，还面临诸多挑战。从重点产业看，新兴产业投资增速回落明显。2018 年第一季度，高技术制造业投资增速为 7.9%，延续自 2017 年以来的回落态势，较 2017 年全年投资增速放缓 9.1 个百分点；相对制造业投资增速的领先幅度也由 12.2% 快速收窄至 4.1%。装备制造业投资增速明显放缓。其中，计算机、通信和其他电子设备制造业投资增长 15.4%，增速较 2017 年同期、2017 年全年投资增速分别放缓 11.4%、9.9%。从国内看，制造业投资的吸引力和活力明显下降。主要表现为自 2013 年以来制造业投资在固定资产投资总额中占比逐年下降，并且制造业投资增速持续低于固定资产投资增速。2018 年第一季度，制造业投资增长 3.8%，增速较 2017 年同期回落 2 个百分点，与固定资产

投资增速的差距扩大到 3.7 个百分点。从国际看，发达国家积极吸引制造业回流。2018 年第一季度，我国非金融类对外直接投资增长 24.1%，扭转了 2017 年的下降局面；而实际利用外商直接投资仅增长 2.1%，较 2017 年全年回落 1.9 个百分点。在当前各国竞相减税、吸引资本流入的国际大背景下，如何把产业链关键环节留在国内，同时有效地吸引境外资本投向我国高端制造业领域，是一个十分值得关注和思考的问题。在当前的经济大环境下，工业发展形势愈发严峻。

三、出口面临的外部环境不确定性加大

第一，中美贸易摩擦不断加剧。特朗普政府秉持"美国利益优先"并高举单边主义和贸易保护主义大旗，就贸易问题对中国频频发难。自 2018 年 3 月 23 日美国政府宣布对中国多种商品征收惩罚性关税以来，中美两国涉及贸易摩擦的产品已包括进口钢铁、铝产品等几十个类别。

第二，全球主要央行货币政策趋紧。美联储加息节奏明显加快，目前已加息一次，市场预期今年仍将有 2~3 次加息；欧元区、英国、日本等国货币政策"转向"可能性加大。虽然中国人民银行宣布从 2018 年 4 月 25 日起下调部分金融机构存款准备金率以置换中期借贷便利，从而增加对小微企业贷款投放，但积极防范和化解金融风险依然任务艰巨，流动性同样面临紧缩局面。总体看，我国企业在国内外市场中融资难度加大、融资成本提高，不利于扩大出口。

第三，地缘政治矛盾更趋复杂。叙利亚化学武器袭击等事件持续发酵，导致亚太局势持续动荡，对全球乃至我国经济发展的影响不容忽视。

四、推进两化深度融合面临众多难点

坚持数字化、网络化、智能化方向，对接"中国制造 2025"，推进工业化与信息化深度融合，构建智能制造产业体系，打造全国先进制造业基地将面临诸多难点。

首先，推动高端装备制造业发展难点和方向。当前我国工业需要突破新型传感、高精度运动控制、高可靠智能控制等一批关键智能技术，围绕新能源汽车、有色金属、机械等领域，实现重大智能成套装备的集成创新，培育发展工业机器人、感知系统、3D 打印设备等智能测控装置和部件，积极开发一批高精密、数字化、柔性化、智能化的重大智能制造成套装备。

其次，实施智能化改造提升工程道路不确定。当前我国工业智能化改造面临多条路径，如加快机械、有色金属、轻工、建材、纺织、食品、电子等行业

智能化改造，引进国外高端装备，积极推广工业机器人等智能设备，促进数控技术和智能装备在工业领域的广泛应用，推动制造业智能化进程。加快推动关键基础材料、核心基础零部件和先进基础工艺的工程化和产业化，提升产业基础制造和协作配套能力。

最后，实施"互联网+协同制造"行动计划复杂艰难。当前我国工业实施"互联网+协同制造"面临诸多任务，在机器人、智能制造、个性化定制、网络化协同制造等方面需要开展示范建设，急需推进重点行业"无人车间""智能工厂"建设，推动行业关联企业向新型网络化生产模式转变，实现生产管理各环节互联互通。推进服务型制造，引导制造企业延伸服务链条，推动企业生产模式从产品制造向产品、服务和整体解决方案并重转变，营销模式需要从提供设备向提供咨询设计、项目承接、工程施工、仓储物流、系统维护和管理运营等系统集成总承包服务转变。纺织、服装、制鞋、家具、建材等行业迫切需要实施大规模的定制生产。

赣南苏区工业发展态势

　　赣南苏区地跨赣闽粤，是土地革命战争时期中国共产党创建的最大、最重要的革命根据地，是中华苏维埃共和国临时中央政府所在地，是中华人民共和国的摇篮和苏区精神的主要发祥地，为中国革命做出了重大贡献和巨大牺牲。2012 年 6 月 28 日，国务院印发了《国务院关于支持赣南等原中央苏区振兴发展的若干意见》文件，旨在支持赣南等原中央苏区振兴发展。该文件的实施为赣南苏区的发展带来了历史性的机遇，经济总量跃居全省前列，综合实力显著增强；一大批民生项目推进落实，人民生活水平大幅提高；生态环境建设维护得到加强，城乡面貌焕然一新。在发展过程中，赣州市政府做出"主攻工业、三年翻番"决策部署，将"工业"作为经济发展的主要抓手，赣州市上下毫不动摇推进工业发展，工业也一直是国民经济中最重要的物质生产部门。在赣州市的产业结构中，第二产业占比一直在 40% 以上，那么，自《国务院关于支持赣南等原中央苏区振兴发展的若干意见》实施以来，赣南苏区的工业发展又呈现了一个怎样的发展态势？本章选取了赣州市 2012~2018 年工业及其子行业的相关发展数据，通过进行统计比较分析探究赣州市在这段时期内的工业发展情况。

第一节　赣州市工业发展情况

一、赣州市工业发展势态

　　近年来赣州市努力做大工业总量。在 2012~2018 年，赣州市强化项目建设，实施亿元以上工业项目 260 多个，力争落地 10 亿元以上重大项目 50 个，实施技术改造大项目 200 个。强化龙头带动，力争培育 50 亿元以上企业 2~3

户，新增超 10 亿元企业 10 户以上，新增规模以上工业企业 300 户左右，引进培育高新技术企业 50 户，创新型、成长型企业户数增长 20% 以上。强化平台支撑，完成园区基础设施投入 160 亿元，新增和盘活土地 5 万亩以上，新建标准厂房 650 万平方米以上。强化企业帮扶，深入推进降成本优环境专项行动，缓解实体经济困难，让企业轻装上阵、企稳前行。

培育壮大产业集群。突出抓好"两城两谷一带"建设。新能源汽车科技城重点争取新能源乘用车整车生产资质、国家级新能源汽车产业基地、国家级新能源汽车检测中心获批，抓紧孚能科技三期等项目建设，加快引进落地汽车整车及配套项目。南康现代家居城重点突出招大引强，抓好现有家具企业升级发展，鼓励优质家具企业创建品牌，建设赣南家具等国家级出口质量安全示范区。"中国稀金谷"重点引进精深加工项目、研发机构和行业高端人才，争取纳入国家双创平台。青峰药谷重点引进优质生物制药项目，打造药品研发制造、医疗健康旅游、药材种植加工三大板块。赣粤电子信息产业带重点引进集成电路、液晶面板等领域中的大中型生产企业，积极承接珠三角经济区、海峡西岸经济区精密电子产业整体配套转移。积极谋划高铁经济带，优化全市产业布局，支持各县（市、区）发展首位产业，着力打造一批经济强县，促进县域经济优势互补、错位发展。

大力发展智能制造。加快实施"互联网+协同制造"行动计划，建设工业云大数据中心，在稀土钨、装备制造、电子信息、家具等产业建设示范性数字化车间或智能工厂，创建"中国制造 2025"试点示范城市。加大全社会研发投入，提高研究与试验发展（R&D）经费支出占 GDP 的比重。深入实施创新驱动"1122"工程、重点创新产业化升级工程和科技协同创新计划，实施专利提质工程，完善校企合作机制，加快科技成果转化和产业化进度。积极培育新兴产业，在机器人等智能装备制造、石墨烯材料应用、3D 打印等领域落户一批项目，形成新的经济增长点。

二、赣州市工业生产总值发展情况

按照经济发展规律而言，区域产业结构变化的趋势是：起初，第一产业的比重不断下降，第二产业的比重不断上升，第三产业的比重也在不断上升；随后，包括第一产业、第二产业的物质生产部门的比重都存在不同程度的下降，第三产业的比重持续上升。目前赣州市第二产业的发展正处于第二阶段——第一产业、第二产业的物质生产部门的比重均在下降，但是比重下降不等同于发展质量的下降，在《国务院关于支持赣南等原中央苏区振兴发展的若干意见》

的政策扶持下，赣州市第二产业正在实现"新旧动能"转换，高新技术产业集群优势明显，因而工业成为了第二产业增值的主导力量。

赣州市 2012~2018 年的工业增加值分别为 603.48 亿元、656.71 亿元、720.62 亿元、736.00 亿元、772.30 亿元、879.48 亿元和 963.03 亿元，从 2012~2018 年增加了 359.55 亿元，增长了 59.6%（见图 2-1）。工业占第二产业比重在 2012~2018 年分别为 86.6%、86.0%、85.4%、84.6%、84.0%、82.5%、80.8%，在 2012~2018 年期间，其占比下降了 5.8 个百分点，可以看出，赣州市工业发展总量在逐年增加，但是随着产业升级，以往产值大的高污染高能耗产业被淘汰，高新技术产业正在发展兴起，因而工业占第二产业的比重逐年降低。但是值得注意的是，2018 年赣州市高新技术产业增加值占工业比重比 2012 年提高 6 个百分点，成为推动工业增长的重要动力。在《国务院关于支持赣南等原中央苏区振兴发展的若干意见》的政策扶持下，新能源汽车、高端装备制造、生物制药等战略性新兴产业在赣州市逐步形成产业集群，纺织服装、食品加工、家具等传统制造业加快转型升级，"主攻工业"效应显著。

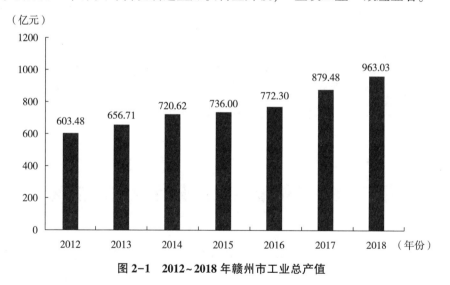

（亿元）

图 2-1　2012~2018 年赣州市工业总产值

三、赣州市工业增长率基本情况

从第二产业增长率来看，与 2012 年的 603.48 亿元相比，赣州市 2013~2018 年这段时期内工业年平均增长率为 35.26%，分别低于同等情况下地区生产总值（GDP）和第三产业 44%、63.75% 的平均增长率，说明第二产业的增长对 GDP 的贡献不如第三产业，符合经济增长规律，但是发展质量值得重视；赣州市在 2012~2016 年的工业总产值环比增速呈下降趋势，但在 2017~2018 年赣州市工业总产值环比增速有小幅上升（见图 2-2）。2015 年赣州市在产业发展上做出了"主攻工业、三年翻番"的战略部署，全市上下都在集中精力主抓工业建设，调整工业发展结构，提升工业发展质量，工业发展势头强劲。

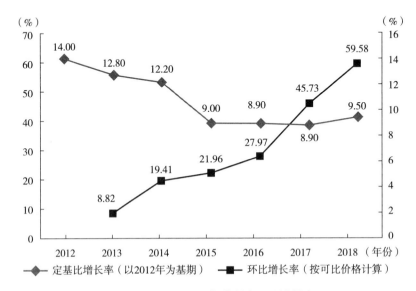

图 2-2　2012~2018 年赣州市工业增长率

第二节　赣州市工业细分行业发展情况

工业主要是指原料采集与产品加工制造的产业或工程，是社会分工发展的产物，经过手工业、机器大工业、现代工业三个发展阶段。工业是现代劳动手段（其中首先是生产工具）的唯一生产部门，工业生产主要是对自然资源以及原材料进行加工或装配的过程，为自身和国民经济其他各个部门提供原材料、燃料和动力，是国民经济中最重要的物质生产部门，为人民物质文化生活提供工业消费品。工业也是国家财政收入的主要源泉，是国家经济自主、政治独立、国防现代化的根本保证。它决定着国民经济现代化的速度、规模和水平，在当代世界各国国民经济中起着主导作用。本节根据赣州市统计年鉴上的统计数据，选取了采矿业及其子行业（煤炭开采和洗选业、有色金属矿采选业、非金属矿采选业），制造业，电力、热力、燃气及水的生产和供应业及其子行业（电力、热力生产和供应业，燃气生产和供应业以及水的生产和供应业）的相关发展数据进行分析。

一、赣州市采矿业发展情况

赣州市矿产资源丰富，是全国重点有色金属基地之一，素有"世界钨都""稀土王国"之美誉。现已发现矿种106种，其中查明储量的矿种共75种。矿产地1254处，其中大型矿床28处（其中钨8处、锡2处、重稀土1处、轻稀土2处、钽2处、萤石3处、高岭土1处、岩盐1处、水泥灰岩5处、白云岩1处、滑石1处、透闪石1处），中型矿床60处（其中钨20处、轻稀土6处、银4处、锡4处、钽1处、萤石2处、金2处），小型矿床712处（其中钨106处、金15处、锡5处、煤50处、银9处、铅锌12处、稀土68处），矿点共454处。截至2015年底，全市共开发利用矿产63种（含亚种），矿种利用率为82.9%；已开发利用矿区（矿产地）309处，矿区利用率为71%，开发利用程度较高。其中，利用率在90%以上的矿种有钨、离子型稀土、萤石、锡、金、银、铜、岩盐、煤等，利用率较低的矿种有钽（铌）、高岭土、陶瓷土（瓷石）、硅石（粉石英）、电气石等，尚未开发利用的矿种有滑石、透闪石、石墨等。截至2015年底，全市采矿许可证总数为1525个（不含铀矿），采矿证总面积为723.05平方千米，占全市面积的1.84%，其中大型矿山18座，中型矿山181座，小型矿山1326座。

采矿业指对固体（如煤和矿物）、液体（如原油）或气体（如天然气）等自然产生的矿物的采掘。包括地下或地上采掘、矿井的运行，以及一般在矿址或矿址附近从事的旨在加工原材料的所有辅助性工作，还包括使原料得以销售所需的准备工作。具体行业包括煤炭开采和洗选业、石油和天然气开采业、黑色金属矿采选业、有色金属矿采选业、非金属矿采选业、开采专业及辅助性活动以及其他采矿业。赣州市2012～2017年规模以上采矿业企业总值分别为236.17亿元、269.63亿元、320.86亿元、342.27亿元、314.16亿元和309.12亿元，6年内增加了72.95亿元，2017年比2012年增长了30.89%，采矿业总产值基比，增长率曲线（与2012年相比）呈不完整的倒"U"形（见图2-3）。近几年赣州市政府响应中央"绿色发展"理念，对采矿业进行了规划调整，对整个产业实行"转型升级，科学开发"，关闭了一批效率低、污染重的企业，因此，预计在未来几年内赣州市采矿业总产值及其增长率会持续下降。

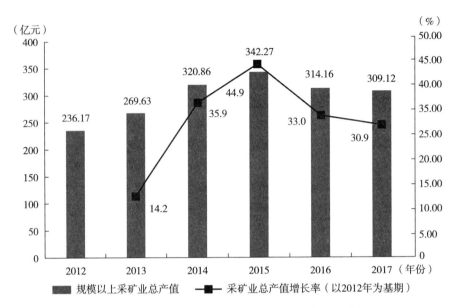

图 2-3　2012~2017 年赣州市规模以上采矿业总产值及其增长率

从采矿业细分行业来看，赣州市 2012~2017 年煤炭开采和洗选业产值分别为 3.27 亿元、3.45 亿元、0.33 亿元、3.09 亿元、2.18 亿元和 0.20 亿元；赣州市 2012~2017 年有色金属矿采选业产值分别为 195.41 亿元、217.90 亿元、261.39 亿元、265.34 亿元、271.88 亿元和 222.71 亿元；赣州市 2012~2017 年非金属矿采选业产值分别为 37.48 亿元、48.17 亿元、56.18 亿元、73.84 亿元、83.27 亿元和 86.21 亿元（见图 2-4）。赣州市稀土资源和有色金属资源丰富，被誉为"稀土王国"，采矿业也为赣州市经济发展做出了突出贡献，在 2015 年采矿业产值占工业总产值的比重约 50%，但是由于开采技术落后、生态意识不强，导致资源利用率不高并且对生态环境造成了巨大破坏，政府开始对稀土开发进行管制，实行科学开采。因此可以看到赣州市采矿业总产值从 2015 年以后开始下降，预计在未来几年内采矿业产值及其增长率还是呈现下降趋势。

二、赣州市制造业发展情况

目前，赣州市已初步形成稀土新材料及应用、钨新材料及应用、新能源汽车及其配套、铜铝有色金属、电子信息、食品、以家具为主的现代轻纺、氟盐化工、生物制药、新型建材十大产业集群，并呈现出较为强劲的发展势头，产

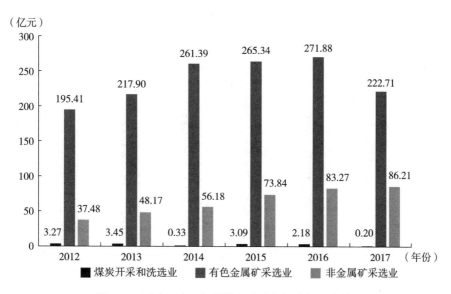

（亿元）

图 2-4　2012~2017 年赣州市采矿业细分行业产值

业集聚效应已经显现，主导产业集群初步形成。产业竞争力逐步增强，为加快产业升级优化经济结构提供了较为坚实的基础平台。在 2017 年 5 月，工信部批复同意赣州市创建"中国制造 2025"试点示范城市，在今后的发展中，赣州市将继续发挥产业基础优势，把握产业发展新趋势，将智能制造作为主攻方向，重点培育新能源汽车及配套、生物制药、电子信息三大战略新兴产业，做强做优以稀土、钨为代表的稀有金属新材料及家具制造等传统产业转型升级；支持各县提升发展纺织服装、绿色食品、氟盐化工、机电制造、新型建材等特色首位产业；积极培育个性化定制、工业设计、服务外包、现代物流、检验检测等为代表的生产性服务业，致力打造形成新型制造业体系。

　　制造业是指机械工业时代对制造资源（物料、能源、设备、工具、资金、技术、信息和人力等），按照市场要求，通过制造过程转化为可供人们使用和利用的大型工具、工业品、生活消费产品的行业。制造业直接体现了一个国家的生产力水平，是区别发展中国家和发达国家的重要因素，制造业在世界发达国家的国民经济中占有重要份额。制造业包括 30 个小类，是第二产业中类别最多的门类。赣州市 2012~2017 年规模以上制造业企业总产值分别为 1869.58 亿元、2251.13 亿元、2581.03 亿元、2769.27 亿元、3141.59 亿元和 3164.30 亿元，6年内增加了 1294.72 亿元，2017 年制造业总产值比 2012 年增长了 69.3%，制造业总产值基比增长率持续上升趋势，如图 2-5 所示。

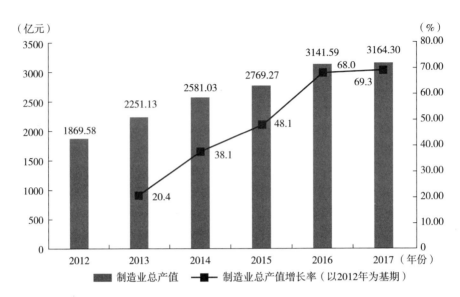

图 2-5 2012~2017 年赣州市制造业总产值及其增长率

三、赣州市电力、热力、燃气及水的生产和供应业的发展情况

能源是地区经济发展进步和人民生活稳定不可或缺的动力，其中电力的影响更是重中之重。赣州市地处江西省南端，区域内煤炭、石油等一次能源匮乏，加之赣州市远离内蒙古等西北煤炭能源基地，建设大型火电厂经济性不高。随着经济迅速发展，赣州市电力供应不足的问题越来越突出。2016 年 6 月，500千伏抚州—瑞金输电线路投运送电，标志着赣州市与江西省电网打通 500 千伏"双通道"，形成了江西省南部 500 千伏环网，大幅提高了赣州市电力供应的稳定性和可靠性，极大提升了赣州市的供电能力。目前，赣州市围绕构建安全、高效、清洁、可持续的现代能源体系，正在加快推进华能瑞金电厂二期工程、信丰煤电项目等一大批能源建设项目。

电力、热力、燃气及水的生产和供应业是国民经济的基础产业，其中，电力更是国民经济发展的先决条件，涉及能源供需平衡问题。电力、热力、燃气及水的生产和供应业的稳定发展，是城市化建设的必要保障。赣州市 2012~2017 年规模以上电力、热力、燃气及水的生产和供应业企业总产值分别为72. 79 亿元、85. 79 亿元、96. 49 亿元、101. 20 亿元、42. 22 亿元和 67. 47 亿元，6 年内下降了 5. 32 亿元，2017 年其总产值比 2012 年下降了 7. 3%，赣州市电力、热力、燃气及水的生产和供应业总产值基比增长率起伏较大，详细情况如图 2-6 所示。

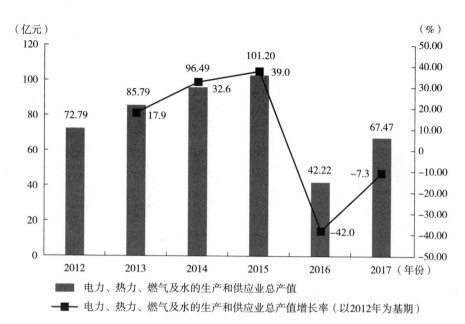

图 2-6 2012~2017 年赣州市电力、热力、燃气及水的生产和供应业总产值及其增长率

从该行业细分行业来看，赣州市 2012~2017 年电力、热力生产和供应业产值分别为 66.84 亿元、77.10 亿元、81.78 亿元、84.06 亿元、23.07 亿元和41.30 亿元；赣州市 2012~2017 年燃气生产和供应业产值分别为 2.29 亿元、2.83 亿元、5.10 亿元、5.74 亿元、5.81 亿元和 6.69 亿元；赣州市 2012~2017年水生产和供应业产值分别为 3.66 亿元、5.86 亿元、9.62 亿元、11.38 亿元、13.33 亿元和 19.48 亿元（见图 2-7）。随着国家煤改气政策的大力实施和对环境的可持续发展的重视程度加深，市场上对天然气、煤气需求大大加强，总体来说，发电量主要依靠火力发电，水力发电占比逐渐加大。因而，由于新旧能源的转换，赣州市电力、热力、燃气及水的生产和供应业在 2015 年达到峰值后出现了大幅下跌，随后又逐渐回升，随着经济发展和城镇化进程的加快，预计在未来几年内电力、热力、燃气及水的生产和供应业产值会呈现上升趋势。

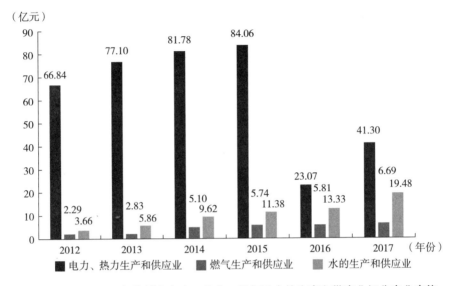

图 2-7　2012~2017 年赣州市电力、热力、燃气及水的生产和供应业细分产业产值

第三节　赣州市工业细分行业投资情况

　　由于固定资产投资在整个社会投资中占据主导地位，因此，通常所说的投资主要是指固定资产投资。固定资产投资是指投资主体垫付货币或物资，以获得生产经营性或服务性固定资产的过程。固定资产投资包括改造原有固定资产以及构建新增固定资产的投资。赣州市 2012~2018 年工业投资增长率分别为19.8%、28.8%、14.5%、-6.0%、29.0%、38.4% 和 19.8%，最高的时候工业投资对全部投资的贡献率达 78.2%，可以看出工业投资在全部投资里占主导地位。本节根据赣州市 2012~2017 年的统计年鉴，选取了采矿业及其子行业有色金属矿采选业，制造业及其子行业家具制造业与电气机械和器材制造业，电力、热力、燃气及水的生产和供应业及其子行业电力、热力生产和供应业、水的生产和供应业等行业的相关投资数据进行分析。

一、赣州市采矿业投资情况

赣州市 2012～2017 年采矿业的投资额分别为 11.12 亿元、10.73 亿元、15.65 亿元、10.80 亿元、15.09 亿元和 28.95 亿元，投资额平均值为 15.39 亿元，投资额最高值与最低值相差 18.22 亿元（见图 2-8）。从图 2-8 中可以看出，采矿业的投资额及其增长率经历了从减少到增加再到减少最后又增加的过程，呈现出"W"形趋势，预计在未来几年内，该行业投资额会有所增加。

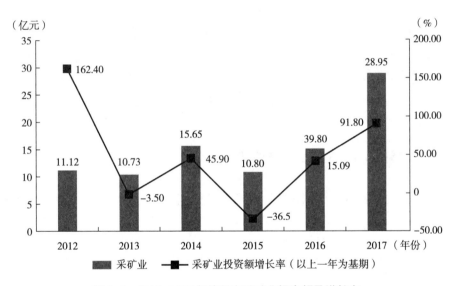

图 2-8　2012～2017 年赣州市采矿业投资额及增长率

采矿业的子行业之一——有色金属矿采选业，赣州市 2012～2017 年的有色金属矿采选业投资额分别为 7.34 亿元、7.75 亿元、90.14 亿元、6.23 亿元、7.90 亿元和 19.97 亿元，其投资额平均值为 23.22 亿元，有色金属矿采选业投资额最高值与最低值相差 83.91 亿元（见图 2-9）。从图 2-9 中可以看出，有色金属矿采选业投资额的增长率经历了从减少到增加再到减少最后又增加的过程，呈现出"W"形趋势，但是在经过 2014 年的峰值后，下降明显且上升缓慢，预计在未来几年内，该行业投资额会有所增加，估计在平均值水平左右。

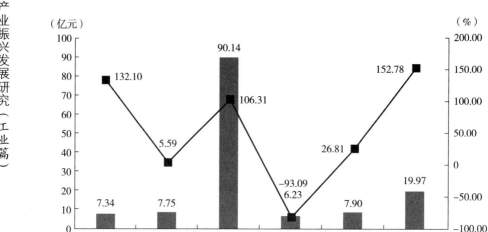

图 2-9　2012~2017 年赣州市有色金属矿采选业投资额及增长率

二、赣州市制造业投资基本情况

赣州市 2012~2017 年制造业的投资额分别为 402.00 亿元、506.05 亿元、564.12 亿元、514.12 亿元、687.49 亿元和 872.34 亿元，制造业投资额平均值为 591.10 亿元，制造业投资额最高值与最低值相差 470.34 亿元（见图 2-10）。从图 2-10 中可以看出，制造业的投资额经历了从增加到小幅减少再到大幅增加的过程，其投资额增长率曲线呈现出"V"形趋势，预计在未来几年内，该行业投资额会继续增加，增长率会有所上升。

制造业子行业之一——家具制造业，赣州市 2012~2017 年的家具制造业投资额分别为 12.95 亿元、17.45 亿元、8.11 亿元、23.00 亿元、30.86 亿元和 63.38 亿元，家具制造业投资额平均值为 25.96 亿元，家具制造业投资额最高值与最低值相差 55.27 亿元（见图 2-11）。从图 2-11 中可以看出，家具制造业的投资额经历了 2014 年小幅减少后开始大幅增加，其投资额增长率呈现出"W"形趋势，预计在未来几年内，该行业投资额及其增长率会呈现上升趋势。

制造业子行业之一——电气机械和器材制造业，赣州市 2012~2017 年的投资额分别为 42.16 亿元、65.86 亿元、66.79 亿元、50.78 亿元、80.42 亿元和 94.81 亿元，投资额平均值为 66.80 亿元，电气机械和器材制造业投资额最高值与最低值相差 52.65 亿元，（见图 2-12）。从图 2-12 中可以看出，电气

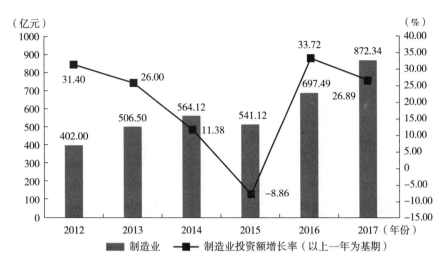

图 2-10　2012~2017 年赣州市制造业投资额及增长率

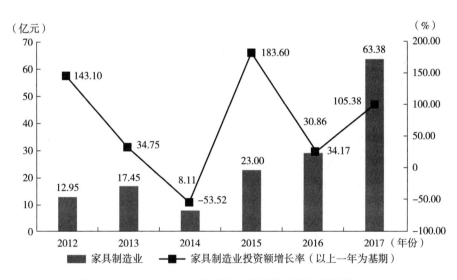

图 2-11　2012~2017 年赣州市家具制造业投资额及增长率

机械和器材制造业的投资额经历了 2015 年小幅减少后开始大幅增加，其投资额增长率总体呈现出"V"形趋势，预计在未来几年内，该行业投资额会呈现上升趋势。

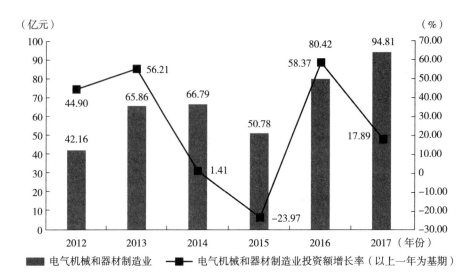

图 2-12　2012~2017 年赣州市电气机械和器材制造业投资额及增长率

三、赣州市电力、热力、燃气及水的生产和供应业发展情况

赣州市 2012~2017 年电力、燃气及水的生产和供应业的投资额分别为 21.78 亿元、25.83 亿元、41.68 亿元、59.14 亿元、106.01 亿元和 141.72 亿元，其投资额平均值为 66.03 亿元，电力、热力、燃气及水的生产和供应投资额的最高值与最低值相差 119.94 亿元（见图 2-13）。从图 2-13 中可以看出，电力、燃气及水的生产和供应业的投资额是一个持续增加的过程，其投资额增长率曲线呈现出 "M" 形趋势，预计在未来几年内，该行业投资额会呈现上升趋势。

电力、热力、燃气及水的生产和供应业的子行业之一——电力、热力的生产和供应业。赣州市 2012~2017 年的投资额分别为 12.46 亿元、11.00 亿元、17.84 亿元、37.92 亿元、60.91 亿元和 83.58 亿元，其投资额平均值为 37.29 亿元，电力、热力的生产和供应业投资额最高值与最低值相差 72.58 亿元（见图 2-14）。从图 2-14 中可以看出，电力、热力的生产和供应业的投资额在经历了 2013 年小幅减少后开始持续增加，其投资额增长率总体呈现出倒 "V" 形趋势，预计在未来几年内，该行业投资额会呈现上升趋势，但是其投资额增长率仍然会有所下降。

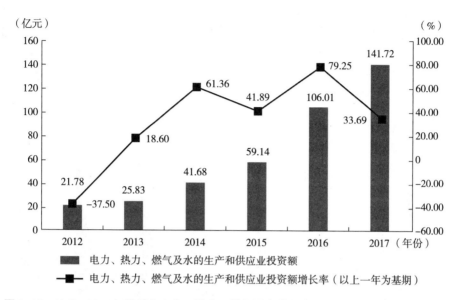

图 2-13　2012~2017 年赣州市电力、热力、燃气及水的生产和供应业投资额及其增长率

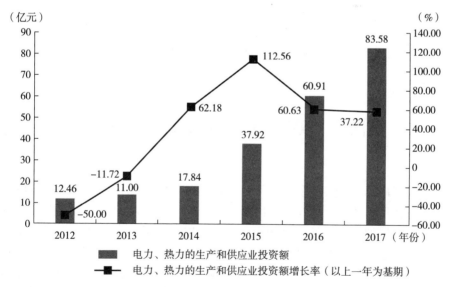

图 2-14　2012~2017 年赣州市电力、热力的生产和供应业投资额及其增长率

电力、热力、燃气及水的生产和供应业的子行业之一——水的生产和供应业。赣州市 2012~2017 年的投资额分别为 8.25 亿元、13.51 亿元、19.54 亿元、

15.60 亿元、40.62 亿元和 54.69 亿元，其投资额平均值为 25.37 亿元，水的生产和供应业投资额的最高值与最低值相差 46.44 亿元（见图 2-15）。从图 2-15 中可以看出，水的生产和供应业的投资额在经历了 2015 年小幅减少后开始大幅增加，其投资额增长率总体呈现出倒 "M" 形趋势，预计在未来几年内，该行业投资额会呈上升趋势。

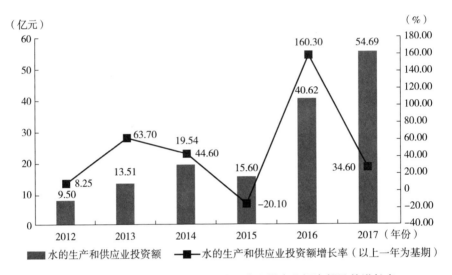

图 2-15　2012~2017 年赣州市水的生产和供应业投资额及其增长率

第四节　赣州市工业发展面临的挑战

从赣州市工业及其多个产业的发展数据来看，在 2012~2017 年，赣州市工业发展总体形势还是比较好的，2012 年出台的《国务院关于支持赣南等原中央苏区振兴发展的若干意见》对赣州市经济发展起到了很大的推动作用，赣州市的工业发展迎来了一个小 "高峰"，尤其是传统的稀土采矿业发展迅猛。但是在 2015 年的时候国家开始征收钨矿资源税，同时推行新修订的《中华人民共和国环境保护法》，这给以传统资源消耗型产业为主的赣州市工业带来了不小的打击，赣州市工业发展走到了一个新的历史关头。赣州市工业底子薄、基础弱、短板多，长期以来依靠稀土、钨等资源型产业发展，在国内经济进入新常态的大环境下，工业发展形势愈加严峻，多项工业经济指标出现下滑。面对宏观经济下行压力较大、过剩产能亟须化解、传统优势产业低位徘徊等挑战，2015 年 9 月，赣州市政府做出了"主攻工业、三年翻番"的战略决策，"主攻工业"的号角响彻赣南大地，赣州市全面实施工业强市战略的氛围骤然浓厚，2016~2018 年赣州市工业又逐渐恢复到了 2015 年之前的发展速度。

一、转换动能聚力于高新技术产业有突破、有难度

目前赣州市致力于高新技术产业的发展，前瞻布局新材料、新能源汽车、生物医药、电子信息等战略性新兴产业，全市战略性新兴产业主营业务收入占规模以上工业企业的比重由 2015 年的 12.7% 提高到 2018 年前三季度的 19.8%。自 2015 年以来，赣州市获批建设智能制造、绿色制造、服务型制造国家级试点示范平台及项目共 12 个，国家级两化融合管理体系贯标试点企业 14 家。全市高新技术企业数量达到 501 家，翻了两番；新建高层次人才产业园 2 个，引进国家高层次专家 27 人；规模以上工业企业数量由 1188 家增加到 1890 家。大数据、物联网、软件服务、工业互联网等新兴产业加快发展，大数据产业园、软件和物联网产业园相继启动建设，中国联通（江西）工业互联网研究院、赣州天翼·华为云计算中心先后建设运营，城市公众服务联盟等工业互联网云平台项目正加紧建设。工业设计等生产性服务业实现从无到有，赣州市级工业设计中心及南康、龙南、于都等一批专业特色工业设计中心相继投入运营。整合智能制造和工业技术改造专项资金 5000 万元，鼓励支持企业加速向智能制造、绿色制造、服务型制造转型，实施企业上云、机器换人等工程，孚能科技、豪鹏科技、章源钨业、富尔特电子等入选国家试点示范项目，芯片材料企业睿宁新材料获国家技术改造资金 9000 万元。赣州市在发展经济的同时已经意识到环境就是竞争力，"科技、创新"已经逐渐成为驱动工业发展的新动能。

虽然近年来赣州市新批外商企业平均投资规模不断扩大，由 2013 年的 870 万美元提高到 2014 年的 998 万美元，但是当前赣州市吸收的项目规模还相对较低。尽管目前赣州市已经涌现出一批优秀企业，但当前世界 500 强企业中仅有 4 家到赣州市投资。同时，承接的产业转移也主要以劳动密集型产业和技术含量相对较低的原材料加工业为主，产业低端化、产业链条短且深度低、配套能力不足，难以形成相应的产业集群效应。这些产业主要是利用赣州市丰富的廉价劳动力资源和丰富的钨、稀土等矿产资源，进行矿产品的粗加工，而不是对赣州市矿产资源进行深加工。因此，这种产业技术含量并不高，不能提高全要素生产率，也难以提高赣州市的内生增长能力。

二、积极对外兴建园区有发展、有困难

自定下"主攻工业"的战略决策以来，赣州市上下牢牢树立"项目为王"理念，把项目建设作为"主攻工业"的核心任务，抓项目、抓招商的势头前所未有。全市上下持续实施招商引资"头号工程"，高密度、高频次举办各类招商推介活动，市县领导外出招商频率、开展招商活动数量、签约项目金额均创下空前纪录。据统计，仅 2017 年，全市就引进省外 2000 万元以上工业项目共205 个，投资总额达 671.32 亿元，比 2015 年增加了 57 个 2000 万元以上的工业项目。全市引进众恒科技园项目、启丰食品（瑞金）科技产业园项目、爱康光伏组件及电池片项目等超百亿元项目 9 个，累计实施市级重大工业项目 659 个。

园区是工业发展的主战场。赣州市围绕完善园区平台多点发力，攻坚基础设施建设，拓展园区发展空间，极大地提升了园区平台支撑能力。章贡、南康、宁都、会昌、安远、大余、全南、信丰 8 个工业园区获批调区扩区，全市工业园区核准面积达到 122.09 平方千米。2015~2017 年来，全市累计建成标准厂房面积达到 1520 万平方米，超额完成 3 年建设 1000 万平方米的计划目标。2015~2017 年，赣州市工业园区基础设施投入增速连续 3 年保持全省第一，投资翻了两番；园区首位产业集中度从 2015 年的 15%提高到 2017 年的 45%，3 年提高了 30 个百分点；园区单位面积投入产出得到明显提升，亩均投资强度、亩产效益均翻了一番。

当前在赣州市的投资中，第二产业投资额占 58.86%，而其中制造业又占了绝大部分，第三产业所占比重只有 22.41%。承接的产业集中于制造业，虽然有利于加快赣州市的工业化进程，实现由农业经济向现代工业经济的转型，但是工业化的目标要想得以实现，必须要求第三产业跟上工业发展的步伐。发达的第三产业能够为工业的发展提供金融、保险、物流、交通仓储、信息等方面的支撑。当前落后的第三产业制约着赣州市承接产业转移和经济的进一步发展。

三、交通基础设施不断改善，但转移载体功能有限

截至 2018 年，全市公路通车里程为 31054.92 千米，其中，高速公路（赣州市境内）通车里程为 1490.26 千米，市内形成"一纵一横"高速铁路、"两纵两横"普速铁路网和"三纵三横六联"高速公路网，实现县县通高速，成为全国"八纵八横"高铁节点城市，赣州黄金机场 2018 年旅客吞吐量突破162.52 万人次，机场改扩建项目已启动。赣州市已初步形成拥有公路、铁路、

航空、水运等多种运输方式的交通体系，基本实现与长三角经济区、珠三角经济区、海峡西岸经济区三大交通主干线的对接。尽管赣州市已实现县县通高速，但基础设施建设整体仍然比较落后，跨省区的综合交通运输尚未形成网络，甚至有的县还未通铁路和国道。交通基础设施的不完善制约着赣州市承接产业转移，使赣州市的区位优势未能得到体现。

在铁路方面，未来要加快昌吉赣高铁的建设，实现赣州市早日跨入"高铁时代"，现在赣州市目前已有七条铁路进入国家项目规划当中，赣州至广东韶关、赣州至郴州、向塘至瑞金、赣州至株洲、赣州至深圳、赣州至厦门高速铁路正在规划中，要加快这些铁路项目的审批和规划，争取早日构建赣州"井"字形铁路网。在航空方面，要加快赣州市黄金机场的改扩建工程建设，同时加快对瑞金、龙南两大通勤机场的建设，届时形成赣州三机场"鼎立"的局面，进一步推进赣州市区域性交通枢纽建设。在水运方面，应加快目前在建的两个500吨码头建设，提升水运能力。重点建设赣州市中心口岸，以两个卫星口岸（龙南和瑞金）为依托，不断完善各项配套设施和服务。进一步打通出海通道，努力实现赣州市航空口岸对外开放，形成以公路、铁路运输为骨干，以航空运输为补充的口岸大发展格局。

第三章
赣南苏区区域工业发展差异分析

工业发展是经济增长的重要源泉，了解和研究一个地区工业发展水平有利于促进区域均衡发展。为此，本章利用传统统计方法和探索性空间数据分析（ESDA）方法，以赣南苏区18个县（市、区）作为研究单位，分别从时间、空间以及关联性三个角度对2009~2017年赣南苏区工业发展差异的空间格局及演化进行了分析。结果表明：赣南苏区工业发展差异逐步扩大，其中绝对差异持续扩大，相对差异呈倒"S"形曲线的趋势，赣南苏区工业发展相对差异的"贡献源"主要来自赣州市西部和赣州市区间；赣南苏区工业发展不平衡，区域经济空间分化明显，呈现出"西南高，东北低"的分布特征；根据空间关联性分析，赣南苏区工业发展表现出空间正相关，县域之间的关联度正在逐渐增强；根据冷热点分析可知，赣南苏区工业发展呈现"冷热点减少、次冷热点增多"的发展局面，并呈现出明显的空间分化分布特征；标准差椭圆表明，赣南苏区工业发展整体呈现"东北—西南"方向移动。最后在综合分析结果的基础上，提出了推动赣南苏区工业发展的可行性建议。

第一节　区域经济差异研究方法介绍

一、研究目的与综述

区域差异问题一直以来都是经济学者、地理学者以及管理学者等所关注的重要问题。然而区域差异产生的重要来源是区域经济增长所带来的差异，因此，在学术界中区域经济发展的差异研究逐渐成为区域差异研究的主要内容。工业发展是经济增长的重要源泉，自人类从农业社会进入工业社会以来，工业就承担起创造人类社会主要物质财富的重大职责，工业的发展极大地提高了人类的生活水平，工业强则国富民强，工业竞争力是一国竞争力的主要体现。我国40多年的改革开放进程实质是工业化进程，自改革开放以来，党中央、国务院高度重视工业发展，先后提出"工业化""四个现代化""新型工业化""四化同步"等战略部署。自党的十八大以来，以习近平总书记为核心的党中央对新时期经济发展做出了系列部署，提出了"建设现代化经济体系""五大发展理念""供给侧结构性改革""制造强国""互联网+""高质量发展"等重要方向。然而在工业化的过程中，由于各个地区之间的区位优势不同，资源禀赋不同，经济基础差异甚大，各种生产要素必然向平均利润率高的地区转移和积聚，导致区域之间经济发展水平出现差异（库兹涅茨倒"U"形曲线假说）。因此，区域工业发展差异也是区域经济差异产生的根源，区域经济差异问题实质上也就转变为区域工业差异问题。目前，国内外对工业发展差异的研究呈现出三个特点：第一，研究方法单一，目前关于工业发展差异的研究大多采用定性的研究方法，对实证的研究相对较少，往往仅是采用变异系数、基尼系数、泰尔指数等传统的实证分析；第二，研究单元局限于省域间；第三，研究视角更多关注的是纵向比较研究，即相关研究多集中于时间差异上的研究。因此，基于空间经济学的理论，应用空间计量的方法研究区域工业发展差异，可以通过横向对比揭示空间差异，弥补纵向比较研究的不足。

由于赣南苏区地处江西省南部欠发达地区，农业人口众多、产业结构单一、工业基础薄弱、生态环境脆弱等多种原因，赣南苏区经济发展以及工业发展仍然非常滞后。事实上，近年来我国政府加大了对赣南等原中央苏区的扶持力度，2012年6月28日，国务院印发《国务院关于支持赣南等原中央苏区振兴发展的若干意见》，开启了赣州市发展新纪元。2017年，赣州市获批成为江西省首个"中国制造2025"试点示范城市。但由于赣南苏区各个地区在区位、资源禀赋等方面都存在很大差异，以及赣南苏区革命老区区域内部受到的政策支持存在差异，导致了赣南苏区各县域工业发展水平存在着巨大的差距。因此，研究赣南苏区各个地区工业化的发展程度，有利于丰富革命老区（苏区）振兴发展的研究成果，也将为进一步优化革命老区（苏区）空间布局战略提供理论依据。因此，本章以赣南苏区18个县（市、区）为研究尺度，应用探索性空间数据分析方法（ESDA）等揭示赣南苏区区域工业发展差异的空间格局及演化特征，这对推动赣南苏区经济可持续发展具有重要的理论意义和现实意义。

二、研究区域、数据来源及研究方法

（一）研究区域

赣州市位于江西省南部，东经 113°54′~116°38′，北纬 24°29′~27°09′，经济面积 39379.64 平方千米，占江西省总面积的 23.6%，下辖 3 个市辖区、14 个县、1 个县级市、2 个功能区，2018 年户籍人口为 981.46 万人。赣州市地形以山地、丘陵、盆地为主，经济发展水平相对落后。2018 年实现生产总值 2807.24 亿元，财政总收入 459.51 亿元，规模以上工业企业从 2015 年 1188 家增加到 2018 年 1890 家，其规模以上工业企业数的总量、增量均为全省第一，高新技术企业从 2015 年 137 家增加到 2018 年 501 家，"两城两谷一带"和各地首位产业加速形成并壮大，2018 年赣州市家具产业集群产值突破 1600 亿元。

本章研究区域所指赣南苏区主要是赣州市所辖的 18 个县（市、区），据《赣州市城市总体规划（2017—2035 年）》的规划部署，打造以赣州市都市区为核心，东部和南部城镇群协同发展的"一区两群"市域城镇发展空间结构。其中，"一区"即以章贡区为核心的赣州市都市区，包括章贡区、赣县区（2016 年"撤县设区"）、南康区（2013 年"撤县设区"）、兴国县、上犹县、信丰县、大余县、于都县、崇义县 9 个县（区）；"两群"即以龙南县为核心的赣州市南部城镇群和以瑞金市为核心的赣州市东部城镇群，赣州市南部城镇群包括龙南县、定南县、全南县、安远县、寻乌县 5 个县；赣州市东部城镇群包括石城县、瑞金市、会昌县、宁都县 4 个县（市）。为了便于研究，本章按照"一区两群"的规划部署依次将赣南苏区划定为赣州市西部地区、赣州市南部地区及赣州市东部地区。

（二）数据来源

本章以赣南苏区，包括了赣州市西部、赣州市南部以及赣州市东部共 18 个县（市、区）作为研究单元，采用人均工业产值作为分析赣南苏区区域工业发展差异的衡量指标，时间跨度为 2009~2017 年。研究数据主要来源于《中国工业统计年鉴》《中国县域统计年鉴》《中国区域经济统计年鉴》《江西统计年鉴》《赣州统计年鉴》及各地区统计年鉴及统计公报等。

三、研究方法

（一）标准差指数及变异系数

区域经济差异可分为绝对差异和相对差异。绝对差异是指区域经济指标之间的偏离距离，反映区域之间在经济发展量上的等级水平差异。相对差异是指区域经济指标之间的比例，反映区域经济发展水平的差异（吴爱芝等，2011）。本章采用标准差指数（S）和变异系数（V）分别从相对差异和绝对差异测度出赣南苏区各区域间的经济差距。其具体计算过程可表示为：

$$S = \sqrt{\frac{1}{N} \sum_{i=1}^{N} (Y_i - Y_0)^2} \tag{3-1}$$

$$V = \frac{S}{Y_0} \tag{3-2}$$

式（3-1）、式（3-2）中，N 为研究区域个数；Y_i 为第 i 个区域的人均工业产值；Y_0 为 N 个区域人均工业产值的平均值。其中，S 值越大，表明绝对差异越大；V 值越大，表明相对差异越大。

（二）泰尔指数

泰尔指数（Theil Index）能够将整体差异划分为组内差异和组间差异，较好地应用在区域整体差异和区域间差异的实证研究方面，其具体计算过程为：

$$I(0) = \frac{\sum_{i=1}^{n} \log(\overline{Y}/Y_i)}{n} \tag{3-3}$$

$$I(0) = T_{WB} + T_{BR} = \sum_{g=1}^{G} P_g I(0)_g + \sum_{g=1}^{G} P_g \log(P_g/V_g) \tag{3-4}$$

式（3-3）中，n 为统计单位数；Y_i 是第 i 个单位的人均工业产值；$\overline{Y}$ 是 Y_i 的平均值。对泰尔指数进行分解，按照一定的分组方式将所有单位分成 G 组（本章 G=3），分解为式（3-4）。其中，T_{WB} 为区域内的差异；T_{BR} 为区域间的差异；P_g 表示第 g 组人口在总人口中的比重；V_g 表示第 g 组工业产值占总 GDP 的比重。泰尔指数越大，表明区域之间的差异越大。

（三）空间自相关

1. 全局空间自相关

空间自相关是一个区域单元上的某种地理现象或某一属性值与邻近区域单元上同一现象或属性值的相关程度。它分为全局空间自相关与局部空间自相关，其全局测度主要有 Moran's I 统计量，其计算公式如下：

$$I = \frac{\sum_{i=1}^{n} \sum_{j=1}^{n} W_{ij}(x_i - \bar{x})(x_j - \bar{x})}{S^2 \sum_{i=1}^{n} \sum_{j=1}^{n} W_{ij}} \tag{3-5}$$

式（3-5）中，S^2 为人均 GDP 的方差值，即：

$$S^2 = \frac{1}{n} \sum_{i=1}^{n} (x_i - \bar{x})^2 \tag{3-6}$$

$$\bar{x} = \frac{1}{n} \sum_{i=1}^{n} x_i \tag{3-7}$$

式（3-5）中，x_i 和 x_j 分别为 i 区域单元和 j 区域单元的人均工业产值；W_{ij} 为空间权重矩阵的要素，可以采用邻接标准和距离标准来判定，本章采用的是邻接标准，即区域 i 和区域 j 具有公共边界，空间权重 W_{ij} 取 1，否则取为 0。全局空间自相关通常采用 Moran's I 值作为测度指标，Moran's I 值取值范围为 [-1，1]，如果 Moran's I 值为正且越接近 1，则说明具有正的空间自相关性，集聚度明显；如果 Moran's I 值为负且越接近 -1，则说明具有负的空间自相关性，离散度明显；如果 Moran's I 值接近 0 则表明不存在空间相关性，呈空间随机分布。

2. 局部空间自相关

为反映局部空间集聚程度，引入描述每个区域单元与其周围显著的相似值区域单元之间空间集聚程度的指标，即 Getis-Ord G_i^* 指数，Getis-Ord G_i^* 指数是用来揭示空间地域中较显著的高值簇及低值簇，也识别区域中冷热点区的空间分布，常用于区域空间格局演变研究，可表示为：

$$G_i^*(d) = \frac{\sum_{j=1}^{n} W_{ij}(d) X_j}{\sum_{j=1}^{n} X_j} \tag{3-8}$$

$$Z(G_i^*) = \frac{G_i^* - E(G_i^*)}{\sqrt{\operatorname{Var}(G_i^*)}} \tag{3-9}$$

式（3-8）中，E（G_i^*）和 Var（G_i^*）分别是 G_i^* 的数学期望和变异数；W_{ij}（d）是空间权重。如果式（3-9）中的 Z（G_i^*）为正且显著，表明位置 i 周围的值相对较高（高于均值），属高值空间集聚（热点区）；反之，如果 Z（G_i^*）为负且显著，则表明位置 i 周围的值相对较低（低于均值），属低值空间集聚（冷点区）。

3. 标准差椭圆

标准差椭圆（Standard Deviational Ellipse，SDE）最早由美国学者 Lefever（1926）提出，后经过不断完善，逐渐应用到地理现象空间分布研究中。标准差椭圆具有中心性、展布性、密集性、方位性及形状五个方面的特征，能够描述节点在各个方向上的离散情况，反映节点空间组织的总体轮廓和主导方向分布，可以识别一组数据的方向及分布趋势变化。

第二节　赣南苏区工业发展差异的时间演变特征

一、赣南苏区工业发展不平衡，差异呈逐步扩大趋势

由图 3-1 可知，赣南苏区各区域间工业发展不平衡，2009 年，赣州市西部区域人均工业产值为 6066 元，赣州市南部区域人均工业产值为 5133 元，赣州市东部区域人均工业产值为 2676 元，全区人均工业产值（这里采用赣州市人均工业产值）为 4438 元；2017 年，赣州市西部区域人均工业产值为 13736 元，赣州市南部区域人均工业产值为 13897 元，赣州市东部区域人均工业产值为 6826 元，全区人均工业产值为 10948 元。2009 年和 2017 年四者比值（西部、南部、东部、全区）分别为 1：0.85：0.44：0.73 和 1：1.01：0.5：0.8。比例基本维持一致，表明赣南苏区的三个区域工业发展速度大致趋同，但赣州市南部区域工业发展速度明显快于其他两个区域。同时赣州市西部区域与赣州市南部区域工业发展差异逐渐消除，但相比赣州市东部区域工业发展水平要更高，且赣州市南部区域与东部区域的工业发展差异还在不断扩大。由此可见，区域间工业发展不平衡并没有改变，甚至有加剧的趋势。

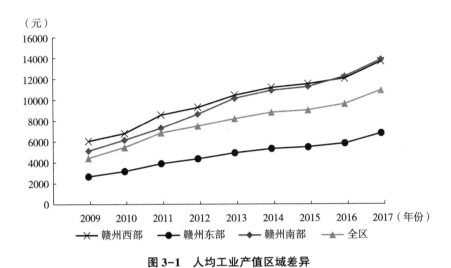

（元）

图3-1　人均工业产值区域差异

二、赣南工业发展绝对差异呈不断扩大趋势

由式（3-1）测度出绝对差异指标，从标准差系数来看，如图3-2所示，2009~2017年其标准差系数逐年递增，由2009年的2768增长到2017年的6301，增长了近1.28倍。2009~2017的标准差系数增长趋势表明赣南区域工业发展的绝对差距不断扩大，区域间工业发展极度不平衡，且越来越明显。

三、赣南工业发展相对差异呈倒"S"形曲线

由式（3-2）测度出相对差异指标，从变异系数来看，如图3-2所示，赣南区域工业发展差异呈现出明显的倒"S"形曲线。总体来看呈现出明显的阶段性特征，大体上可以分为三个阶段，第一阶段为快速下降阶段（2009~2011年），这一阶段工业发展差异表现出快速下降的趋势，从2009年变异系数为0.5536下降到2011年的0.5165，下降了6.68%，并达到研究期间内的低值；第二阶段为快速上升阶段（2011~2013年），变异系数由2011年的0.5165上升至2013年的0.5388，上升了4.32%，并达到研究期间的次峰值；第三阶段为缓慢下降阶段（2013~2017年），这一期间变异系数出现了缓慢下降的趋势，变异系数由2013年的0.5388下降至0.5196。从2009~2017年整个研究期间来看，整个赣南苏区工业发展差异整体表现出下降的趋势，特别是自2012年实施《国

第三章　赣南苏区区域工业发展差异分析

务院关于支持赣南等原中央苏区振兴发展的若干意见》以来，赣南苏区工业得到了迅速的发展，尤其是落后县域的工业实现了快速的增长。

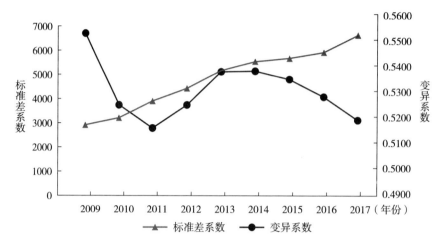

图3-2 人均工业产值标准差系数与变异系数

四、赣南苏区工业发展相对差异的"贡献源"来自赣州市西部和赣州市区间

根据泰尔指数可对赣南区域相对差异进行分解，结果如表3-1所示。由表3-1可知，在2009~2017年研究期间，赣南苏区工业发展相对差异依然处在较高的水平，赣州市西部和赣州市区间始终是区域差异的主要贡献者，贡献率一直维持在40%左右的高位水平上。从泰尔指数来看，其中赣州市西部内部差异呈逐渐减弱的趋势，赣州市西部区域的差异已经由2009年的0.1105下降至2017年的0.0848，下降了23.26%。赣州市南部区域和东部区域内部差异维持在较低水平上，在2017年赣州市南部区域和东部区域的泰尔系数分别为0.0372和0.0200，区域差异相对较小，对于全区总差异贡献率分别为16%和9%。

表3-1 赣南苏区工业发展差异演化及分解

年份	总差异	泰尔系数及其分解				构成比例（%）			
		赣州西部	赣州南部	赣州东部	区间	赣州西部	赣州南部	赣州东部	区间
2009	0.2498	0.1105	0.0319	0.0118	0.0956	44	13	5	38

年份	总差异	泰尔系数及其分解				构成比例（%）			
		赣州西部	赣州南部	赣州东部	区间	赣州西部	赣州南部	赣州东部	区间
2010	0.2520	0.1013	0.0352	0.0215	0.0940	40	14	9	37
2011	0.2458	0.0942	0.0344	0.0216	0.0956	38	14	9	39
2012	0.2448	0.0948	0.0355	0.0202	0.0943	39	14	8	39
2013	0.2425	0.0960	0.0367	0.0183	0.0915	40	15	7	38
2014	0.2408	0.0954	0.0377	0.0181	0.0896	40	16	7	37
2015	0.2358	0.0917	0.0354	0.0179	0.0908	39	15	8	38
2016	0.2414	0.0954	0.0363	0.0190	0.0907	39	15	8	38
2017	0.2292	0.0848	0.0372	0.0200	0.0872	37	16	9	38

第三节　赣南苏区工业发展差异的空间格局及演化

为了反映赣南苏区工业发展水平的空间格局及其变化，研究以 2009 年、2013 年和 2017 年县（市、区）人均工业产值数据为基础，采用自然间断点分级法（Jenks）将各地区人均工业产值依次划分为低水平发展区、中低水平发展区、中高水平发展区、高水平发展区。

一、赣南苏区工业发展水平大幅度提升

按照人均工业产值的划分，可以分别得到 2009 年、2013 年、2017 年三个时间截面上的四种不同的工业发展水平类型（低水平发展区、中低水平发展区、中高水平发展区、高水平发展区）的格局分布情况。就 2009 年的工业发展水平来看，赣南苏区四种工业发展水平类型的数量依次为 7 个、4 个、3 个、4 个，分别占赣南苏区总数的 39%、22%、17%、22%；从 2017 年的工业发展水平来看赣南苏区四种工业发展水平类型的数量依次为 2 个、8 个、6 个、2 个，分别占赣南苏区总数的 11%、45%、33%、11%。2009~2017 年赣南苏区工业发展水平空间格局发生了明显的变化，在 2009~2017 年，低水平发展区由 7 个减少到

了2个，占比由39%下降到11%，中低水平发展区和中高水平发展区数量也发生明显的变化，分别增加了4个和3个。从2009～2017年赣州市工业发展水平的增长趋势来看，赣州市工业产值由2009年的398.07亿元提高到2017年的1066.65亿元，增长了近1.7倍，年均增长率为13%，工业占比维持在42%水平。这充分表明，自2009年以来，随着《国务院关于支持赣南等原中央苏区振兴发展的若干意见》的出台以及"主攻工业"战略实施，赣州市工业版图稳步扩张，工业总量不断做大，工业质量快速提升。

二、赣南苏区工业发展水平两极分化呈现减弱趋势

2009～2017年赣南苏区工业发展水平空间格局呈现出明显变化，低水平发展区数量大幅减少；中低水平发展区和中高水平发展区数量明显增长；高水平发展区数量明显减少。具体而言，从工业发展水平的两极来看，处在低水平发展区的数量由2009年的7个减少到了2017年的2个，减少了5个，分别为宁都县、瑞金市、会昌县、寻乌县、上犹县，表明这5个县（市）工业发展水平已经成功跨越到中低发展水平区；处在高水平发展区的数量由2009年的4个减少到了2017年的2个，减少了2个，分别是崇义县和大余县，究其原因，崇义县和大余县是典型的资源开采型城市，由于赣州市资源战略的调整，资源的开采受到越来越多的限制，县域工业发展不再仅依靠简单的资源开采，而是更加倾向于资源的再开发，所以受到发展战略和工业转型的影响，在短期内崇义县和大余县由原来的高水平发展区转变为中高水平发展区。从以上分析来看，赣南苏区工业发展越来越注重工业质量的发展，发展水平也越来越趋向均衡发展，区域间的两极分化逐渐减缓。

三、赣南苏区工业发展水平空间分化明显，呈现出"西南高，东北低"的分布特征

赣南苏区工业发展水平呈现出明显的"西南高，东北低"的空间格局，从2009～2017年的赣南苏区工业发展水平的演化趋势来看，赣南苏区工业发展水平呈现出明显集聚的特征，并逐渐形成了赣州市的西部和南部两个集聚区，分别为以章贡区为核心和以龙南县为核心的"核心—边缘"的空间结构。第一，以章贡区为核心的"核心—边缘"结构中可以看出，2017年处在中高水平以上的区域包括章贡区、赣县区、南康区、崇义县、大余县5个县（区），其余县（市、区）位于章贡区的边缘区；第二，以龙南县为核心的"核心—边缘"结

构中可以看出，2017 年处在中高水平以上的区域包括龙南县、定南县、全南县，合称为"三南"。这些区域工业发展水平较高的原因大致可以分为两个方面，一方面，资源丰富，特别是矿产资源极为丰富，例如，大余县蕴藏着丰富的高岭土、花岗岩、铅、锌、银等矿产资源，并有"世界钨都"之称；崇义县矿藏资源丰富，其中钨锡尤为丰富；赣县区钨、铜、煤等矿产开采历史较早，稀土、煤、石灰石、钨分布较广。另一方面，这些县域大多占据了优越的区位和交通条件，例如，赣州南部龙南县、定南县、全南县自古就是赣粤两省的咽喉要地，是江西省对接粤港澳的第一门户和排头兵，地处"珠三角"两小时交通圈。此外，2017 年处在中低水平及以下的区域大多集中分布在赣州市的北部和东部。这些地区大多存在农业人口较多、工业基础薄弱等情况，并且这些地区大多交通落后、地理环境封闭，如赣州市东面的武夷山脉作为江西省与福建省的省界，西面罗霄山脉天然地将江西省与湖南省分隔，北面的雩山等山岭阻隔了赣州市与赣中地区及赣北地区的联系。以上原因造成了这些地区长期处在工业发展滞后的局面。

第四节　赣南苏区工业发展空间关联及演化分析

一、赣南苏区区域工业发展关联性较弱，但呈现出进一步增强趋势

采用全局 Moran's I 系数来测度区域总体空间相关性，可以衡量区域之间整体上的空间关联与空间差异测度。本节借助 GeoDa 1.6 软件计算出赣南苏区 2009~2017 年人均工业产值的全局空间自相关 Moran's I 系数。由表 3-2 可知，赣南苏区 2009~2017 年人均工业产值呈现出正的空间自相关特性，即拥有较高（或较低）人均工业产值的区域与其他同样拥有较高（或较低）人均工业产值的区域相邻，也即在空间上呈集聚分布。如图 3-3 所示，从人均工业产值的全局 Moran's I 系数的走势来看，呈现出明显的上升趋势，根据上升的速度大致可以分为两个阶段，第一阶段为波动变化阶段（2009~2013 年），在这一阶段 Moran's I 系数呈现出"下降—上升—下降"的波动变化过程，在 2009~2010 年，Moran's I 系数出现了小幅度下降的情况，2010 年 Moran's I 系数下降至 0.2060，达到研究期间的最低值。在 2010~2012 年，Moran's I 系数出现了大幅

度上升，仅 2011 年 Moran's I 系数值较 2010 年涨幅就达 32%，并实现了持续两年的增长，但在 2013 年出现了一个较大幅度的下降，由 2012 年的 0.2760 下降至 2013 年的 0.2216，下降了近 20%。这一阶段 Moran's I 系数的变化趋势充分反映了赣南苏区区域间工业发展的联系极为不稳定，造成的原因可能是由于 2008 年金融危机爆发引发的国内外经济不稳定所导致出现了经济体之间关联性不稳定。第二阶段为平稳上升阶段（2013~2016 年），在这一阶段 Moran's I 系数呈现出平稳上升的趋势，在 2013~2016 年，Moran's I 系数值由 0.2216 上升至 0.2995，并达到研究期间的峰值，表明在这一期间赣南苏区全局空间相关性不断增强，同时受到《国务院关于支持赣南等原中央苏区振兴发展的若干意见》以及赣州市"主攻工业"战略的影响，赣南苏区区域工业发展关联性不断增强。总而言之，从 2009~2017 年的 Moran's I 系数变化趋势可以看出，赣南苏区县域之间的关联度正在逐渐增强，工业发展也越来越依赖县域之间的优势互补。但不可否认的是，当前赣南苏区县域之间的关联性还是相对较弱，县域工业发展差异依旧存在。

表 3-2　赣南苏区人均工业产值的全局 Moran's I 系数

年份	2009	2010	2011	2012	2013	2014	2015	2016	2017
Moran's I 系数	0.2341	0.2060	0.2713	0.2760	0.2216	0.2582	0.2754	0.2995	0.2879
P 值	0.06	0.09	0.03	0.03	0.05	0.04	0.03	0.02	0.02

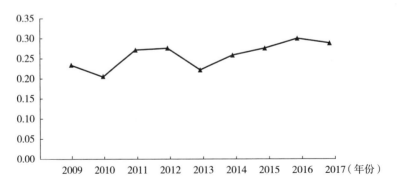

图 3-3　赣南苏区人均工业产值的全局 Moran's I 系数走势

二、赣南苏区工业发展呈现"冷热点减少、次冷热点增多"的发展局面

为了更好地分析 2009~2017 年赣南苏区工业发展失衡的时空演化模式，分析研究赣南苏区工业发展冷点和热点的空间格局演化特征。因此，本节以人均工业产值为变量，计算出 2009 年、2013 年和 2017 年时间断面的赣南苏区各县域单位的 Getis-Ord G_i^* 指数，并用自然间断点分级法（Jenks）将 G_i^* 指数由高至低分为四类，得到赣南苏区工业发展冷热点演化趋势。

2009~2017 年赣南苏区工业发展热点区范围呈现缩小的趋势。从热点区的数量来看，2009 年热点区数量为 5 个，包括章贡区、南康区、大余县、崇义县、龙南县 5 个县（区），热点区呈现出明显的"组团式"特征，集中分布在以章贡区为核心的县域，成为赣南苏区工业发展的"阳光地带"；2013 年热点区在 2009 年的基础上增加了 1 个，其中全南县由于工业发展的快速提升，已由次热点区上升为热点区，并逐渐从"单核"向"双核"趋势发展；在 2017 年热点区数量出现"断崖式"下降，只有 3 个，包括章贡区、全南县、龙南县，这 3 个县（区）长期以来工业基础相对较好，逐渐成为赣南苏区的工业发展中心，但是其中大余县、崇义县、南康区由热点区退居为次热点区，这些县域由于先前的资源优势逐渐被代替，工业发展出现下降，对周边的辐射作用也随之减弱。

2009~2017 年赣南苏区工业发展冷点区呈现出明显缩小的趋势。2009 年和 2013 年冷点区分布基本一致，包括了宁都县、石城县、于都县、瑞金市、会昌县、寻乌县 6 个县（市），从分布特点来看，这些县域大多集中分布在赣州市的东部，成为赣南苏区工业发展的"积雪地带"。2017 年，冷点区的数量出现了明显的变化，数量由 2013 年的 6 个减少到 4 个，其中于都县和寻乌县过渡到次冷点区，一方面表明于都县和寻乌县工业发展得到了提升，另一方面也表明这两个县周边工业发展较好的县域辐射进一步增强。

2009~2017 年赣南苏区工业发展次热点区和次冷点区范围呈现出逐步扩大的趋势。2009 年次热点的数量为 4 个，包括了赣县区、全南县、信丰县、上犹县 4 个县（区）；次冷点区包括兴国县、安远县、定南县 3 个县。2013 年次热点数量没有变化，但在分布上出现了较小波动，其中定南县由次冷点区上升为次热点区；冷点区数量在 2009 年的基础上减少了 1 个，其中定南县由次冷点区上升为次热点区。2017 年次热点区和次冷点区的分布发生了较大的变化，次热

点区数量增加了 3 个，其中南康区、大余县、崇义县都是由热点区降至为次热点区；次冷点区数量增加了 2 个，其中寻乌县和于都县都是由冷点区上升为次冷点区。次热点区从"分散式"向"组团式"发生转变，次冷点区明显地呈现出沿京九铁路线的"带状式"扩展。

　　总而言之，从赣南苏区工业发展热冷点并未形成明显的圈层结构分布，而从次热点以上区域和次冷点以下区域的分布来看，呈现出非常明显的东北"积雪地带"和西南"阳光地带"的分布特征，而"京九铁路"成为这两个地带最为明显的划分标志。

三、赣南苏区工业发展整体呈现"东北—西南"方向移动

　　由标准差椭圆时空变迁轨迹（见图 3-4）可知，赣南苏区工业发展整体呈现"东北—西南"发展格局，椭圆覆盖范围呈现出以"于都县—赣县区—信丰县—全南县—龙南县—定南县"等为主轴，以"章贡区—南康区—安远县—大余县"等为辅轴的空间分布特征。工业发展水平较高的县域如章贡区、赣县区、南康区、龙南县、定南县、全南县、大余县、崇义县等几乎都位于标准差椭圆圈内；而北部地区的兴国县、宁都县，以及东部地区的石城县、寻乌县等均落在标准差椭圆的外围。

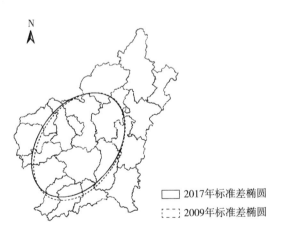

图 3-4　赣南苏区工业发展标准差椭圆趋势方向

　　从方位角 θ 变化来看（见表 3-3），2009~2017 年方位角呈现出"东北—西南"趋势。2009~2017 年，椭圆方位角 θ 逆时针转动较为明显，从偏离东方向 38.7956 度旋转到 2017 年的偏离北方向 35.3183 度，减少了 3.4773 度。根据标

准差椭圆方位角 θ 整体波动趋势可知，赣南苏区工业发展空间分布呈"东北—西南"方向，但这种空间格局较不稳定，整体上呈弱化态势。

表 3-3 赣南苏区工业发展标准差椭圆参数

年份	椭圆周长（千米）	椭圆面积（平方千米）	x 轴长度（千米）	y 轴长度（千米）	方向角 θ（度）
2009	497.0651	18652.1385	63.8131	93.0456	38.7956
2013	501.5457	18974.9018	63.8131	93.9814	36.6867
2017	501.3979	18845.1640	63.8131	94.6939	35.3183

从标准差椭圆形状变化看（见图 3-4），其主轴有所增加而辅轴有所减小，椭圆从扁长状向竖长状转变，说明赣南苏区工业发展的空间分布更加分散，南北地区间工业发展差距不断缩小。从主轴上看，主半轴的长度由 2009 年的 93.0456 千米上升到 2017 年的 94.6939 千米，表明赣南苏区工业在"东北—西南"方向上趋于分散化，形成原因可能是这些年来随着《国务院关于支持赣南等原中央苏区振兴发展的若干意见》的实施，使赣南苏区南北地区间工业发展差距逐步缩小。从辅轴上看，辅半轴长度由 2009 年的 63.8131 千米上升到 2013 年的 63.8131 千米进而又降到 2017 年的 63.8131 千米，即 x 轴的长度整体呈先增加后减小的趋势，表明近 10 年赣南苏区在辅轴方向逐步趋于集中化，可能原因是章贡区、赣县区、南康区等地工业环境优化、区位优势提高，其明显的"虹吸效应"使各类资源、工业产业等在周边集聚。

第五节　结论与讨论

本章利用传统的统计分析方法，结合探索性空间数据分析（ESDA）方法，在 ArcGIS 和 GeoDa 软件的支持下，以赣南苏区 18 个县（市、区）为研究单位，以人均工业产值为测度指标，分别从时间、空间以及关联性三个角度分析了 2009~2017 年赣南苏区工业发展差异的空间格局及演化，其结论如下：

第一，赣南苏区工业发展极度不平衡，差异呈不断扩大的趋势。绝对差异指标逐年增长，表明赣南苏区工业发展的绝对差距持续扩大；相对差异指标波动变化，表明赣南苏区工业发展差异极不稳定，差异并未得到很好的控制。区域差异分解结果表明，赣南苏区工业发展差异波动主要受赣州市西部区域差异以及区间差异的影响，其中赣州市西部区域差异呈波动缩小趋势，赣州市东部以及赣州市南部区域差异变化较小，对总差异的"贡献"也略有不足。

第二，赣南苏区整体工业发展水平得到提升，但发展水平空间分化依然明显。赣南苏区工业发展水平呈现出明显的"西南高，东北低"的空间格局，赣州市西南部边缘地区工业发展水平相对较高，而赣州市东部以及赣州市北部地区由于地处丘陵山区地带，工业发展相对落后，工业发展水平空间分布格局上表现出明显的分化特征。2009~2017年，赣南苏区工业发展整体得到较大提升，工业发展的两极分化现象得到有效抑制，工业发展逐渐趋向均衡发展。

第三，赣南苏区工业发展在空间关联性上表现出正向空间自相关，并呈现出明显的空间集聚现象，全局 Moran's I 系数值有上升趋势，这表明赣南苏区工业发展关联性不断增强，工业发展差异也在逐渐缩小。从冷热点的发展趋势来看，赣南苏区工业发展呈现出"冷热点减少、次冷热点增多"的发展局面，从冷热点的分布来看，冷热点的分布具有明显的空间分化特征，主要呈现出非常明显的东北"积雪地带"和西南"阳光地带"的分布特征。另外，由标准差椭圆时空变迁轨迹表明赣南苏区工业发展整体呈现"东北—西南"的发展格局。

基于以上结论，并结合赣南苏区工业发展的实际情况，对赣南苏区工业发展提出如下政策建议：

首先，加快推进"两城两谷一带"建设。要立足赣州市的资源优势和产业基础，围绕特色优势产业，加快打造中国稀金谷、青峰药谷、新能源汽车科技城、南康现代家居城、赣粤电子信息产业带等产业聚集新高地，坚定不移以"两城两谷一带"为主攻方向，做大做强主导产业，向特色优势要竞争力，着力培育经济核心增长极。

其次，要抓住科技创新"强引擎"，增强工业发展核心竞争力。勇于争抢"创新第一口活水"，强化企业主体地位，抓好创新平台布局建设，提升"产学研用"协同创新能力，激发企业增加创新投入、建设创新中心的信心，激发各类人才投身创新创业的热情，推动创新成果加快实现科学研究、实验开发到推广应用的"三级跳"。

最后，招才引智，蓄足工业发展动能。大力实施人才强市战略，特别是结合"两城两谷一带"建设，有针对性地引进一批稀缺急需人才，不要让人才成为发展的瓶颈和制约。此外，要建立科学的人才评价体系，大力开展青年引智工作，完善人才动态管理制度及鼓励开展人才交流活动。

第四章
赣南苏区"两城两谷一带"发展战略

为深入推进赣南苏区振兴发展战略，赣州市委制定了"两城两谷一带"发展战略，其核心是推进赣州市新型工业化快速发展。自《国务院关于支持赣南等原中央苏区振兴发展的若干意见》实施以来，赣南苏区"两城两谷一带"发展战略得到有效政策支持，相关产业得到快速发展。

第一节　　"两城两谷一带"战略绩效

一、工业发展情况

自2015年以来，赣州市的新能源汽车及配套产业、家具产业、稀土新材料及应用、钨新材料及应用和铜铝有色金属产业、生物制药产业、电子信息产业规模以上工业企业575户，实现主营业务收入2004.72亿元。2016年，"两城两谷一带"的规模以上工业企业为641户，实现主营业务收入2323.4亿元，同比增长12.45%。2017年1～6月，"两城两谷一带"的规模以上工业企业780户，实现主营业务收入1211.31亿元，同比增长25.53%。

二、项目建设情况

自2015年以来，"两城两谷一带"共有产业项目50个，总投资107.52亿元，开工建设项目45个，开工率达90%。2016年至2017年7月，"两城两谷一带"共有产业项目173个，总投资1022.54亿元，开工建设项目141个，开工率为81.5%。

"两城两谷一带"产业项目分布情况如图 4-1 所示。

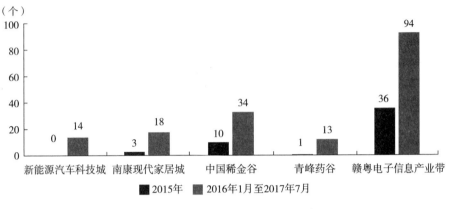

图 4-1　"两城两谷一带"项目分布情况

"两城两谷一带"产业项目总投资分布情况如图 4-2 所示。

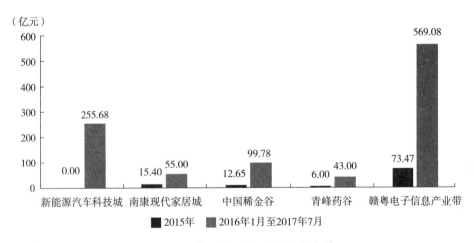

图 4-2　"两城两谷一带"项目总投资情况

三、招大引强情况

自 2015 年以来，"两城两谷一带"共引进投资额 5000 万元以上项目 56 个，总投资 154.91 亿元；投资 5 亿元以上项目共 13 个（其中 10 亿元以上项目 2 个）；2016 年至 2017 年 7 月，"两城两谷一带"共引进投资额 5000 万元以上项目 191 个，总投资 1185.49 亿元；投资 5 亿元以上项目 86 个（其中 10 亿元以上项目 37 个）。"两城两谷一带"招大引强项目总投资情况如图 4-3 所示。

图 4-3 "两城两谷一带"招大引强项目总投资情况

四、承载平台建设情况

（1）新能源汽车科技城（见图 4-4）核心区规划总面积为 35.2 平方千米（52800 亩）。累计完成场地平整 6100 亩，土石方工程量 3050 万立方米。启动了唐龙大道、城西大道、机场快速路等 9 条道路的建设，已完成 27 千米路基建设；110 千伏变电站已启动建设，自来水主管、天然气主管均已安装到唐龙大道附近。污水处理厂、员工倒班房、学校、医院等项目已确定设计方案，正在进行施工图纸设计。同时赣州市经济技术开发区联合赣州市工业和信息化委员会正积极与有关企业和机构进行对接、寻求合作，申报组建赣州市经济技术开发区汽车检测平台。

（2）南康现代家居城（见图 4-5）推动占地 5000 亩家具产业园区和 10 个乡镇街道家具生产集聚区的建设，力争 3 年内建成标准厂房 1000 万平方米，2016 年已经建成标准厂房 100 万平方米，2017 年已经开工建设标准厂房 300 万平方米。组建了国家家具产品质量监督检验中心（江西），这是全国第五家、中部地区唯一的国家级家具检测机构。赣州港成功获批成为全国内陆第八个国家一类对外永久开放临时口岸和首个中国内陆口岸（江西）国检监管试验区，融入国家"一带一路"倡议，开通赣州港至盐田、厦门的铁海联运快速货运班

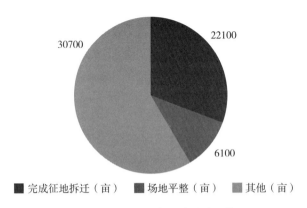

完成征地拆迁（亩）　■场地平整（亩）　■其他（亩）

图 4-4　新能源汽车科技城建设情况

列，经满洲里的"俄满赣"一带一路中欧班列等，为"打造全国乃至世界的家具集散地"提供了平台支撑。

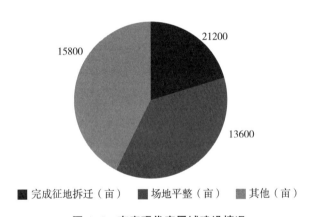

完成征地拆迁（亩）　■场地平整（亩）　■其他（亩）

图 4-5　南康现代家居城建设情况

（3）中国稀金谷（见图 4-6）核心区规划面积 125 平方千米（187500 亩）。"五路两桥"（储鱼路、赣储路、赣水路、幸福路、储君大道、赣储桥、赣水桥）建设工程正在全面推进，投资 2300 万元的智慧园项目现已进场施工。中国稀金（赣州）新材料研究院、中国科学院海西研究院赣州稀金产业技术研发中心、质谱科学与仪器国际联合研究中心赣州分中心三个科研平台在赣州高新区正式挂牌成立；国家离子型稀土资源高效开发利用工程技术研究中心和国家钨与稀土产品质量监督检验中心在赣州高新区设立分支机构。

（4）青峰药谷（见图 4-7）项目总体规划面积为 25 平方千米（37500 亩），

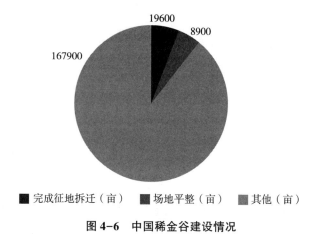

19600 8900

167900

■ 完成征地拆迁（亩）　　■ 场地平整（亩）　　■ 其他（亩）

图 4-6　中国稀金谷建设情况

其中药材种植加工区 7 平方千米（10500 亩），药品研发制造区 8 平方千米
（12000 亩），医药健康旅游区 10 平方千米（15000 亩）。青峰药谷组建了创新
天然药物与中药注射剂国家重点实验室，这是江西省首次获批组建的两个企业
国家重点实验室。

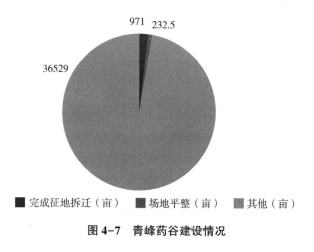

971　232.5

36529

■ 完成征地拆迁（亩）　　■ 场地平整（亩）　　■ 其他（亩）

图 4-7　青峰药谷建设情况

（5）赣粤电子信息产业带，龙南县集中力量建设 15000 亩赣州电子信息产
业科技城，目前已完成一期 7000 亩用地基础设施建设，二期 8000 亩建设用地
正在征地拆迁和场地平整。并与工业和信息化部电子第五研究所签订了战略合
作框架协议，设立了工业和信息化部电子第五研究所（中国赛宝实验室）龙南
办事处，填补了龙南电子信息产业科研机构的空白。赣州经济技术开发区在厦

蓉高速两侧规划建设约 32 平方千米（48000 亩）的电子信息产业园，在首期用地范围规划建设了 7 万平方米标准厂房、2100 亩物流中心和电镀集控区等配套功能区。专门成立电子信息产业园建设指挥部，统筹协调迎宾大道以北电子信息产业片区项目建设。章贡区初步规划面积 600 亩，建设章贡区软件产业园，打造特色软件和信息技术服务平台，以及大数据和云计算服务及应用平台。南康区规划了总面积为 2000 亩的电子信息科技园和总面积为 1000 亩的临港电子产业园。信丰县规划了占地 8039 亩的电子器件产业基地，目前，完成道路建设 15 千米，形成了"四横一纵"道路框架，已完成"三通一平"4000 多亩。

第二节 "两城两谷一带"战略实施存在的问题

总体来看，尽管"两城两谷一带"承载平台建设取得了较大的进展，但五大产业集群发展依然存在新上大项目较少、创新能力不足、产业特色不明显等瓶颈问题，在全国、全省范围内尚未形成较强竞争力。

一、新能源汽车科技城发展存在的问题

第一，新能源汽车整车产品发展不平衡。市场规模小，技术含量相对较低的改装车、专用车企业较多，而面向广大消费市场的乘用车企业发展滞后，在运动型实用汽车（SUV）、客车等领域尚属空白。

第二，关键零部件配套不足。目前赣州市动力电池、传动系统等新能源汽车配套产业初具规模，但在其他领域几乎为空白，这极大地制约了整车企业和产业的发展。

二、南康现代家居城发展存在的问题

第一，随着赣州港建设力度不断加大，用地紧张、资金缺口的问题日益凸显。赣州港规划用地 3550 亩，目前用地指标尚缺约 2000 亩。在"十三五"期间，赣州港项目基础设施建设首期投资约 30 亿元。目前，资金全靠银行融资建设，已投资 5 亿元，资金缺口大，还款压力巨大。

第二，在推动家具贸易由单一内贸市场向内外贸市场并重的过程中，大部分家具企业营销能力还不够强。南康家具销售市场还停留在以内贸为主，家具

出口占集群产值份额还不够多。

第三，家具企业研发薄弱。产业研发设计环节缺失严重，设计能力较弱，不能充分满足家具品牌发展的需要，导致企业品牌培育难度较大。

三、中国稀金谷发展存在问题

第一，顶级科创平台落地难。宁波、包头等地稀土产业发展之所以走在全国前列，与中国科学院宁波材料技术与工程研究所、中国科学院包头稀土研发中心、上海交通大学包头材料研究院等国家级科研平台的强大智力支持是分不开的。虽然中国稀金谷已经和中国科学院宁波材料技术与工程研究所、中国科学院海西研究院等国内顶级科研院所签订了战略合作协议，但均还未能落地。

第二，缺少龙头企业支撑。虽然引进了江西粤磁稀土新材料科技有限公司、东莞市嘉达磁电制品有限公司、广州珐玛珈智能设备股份有限公司等稀土和钨新材料及应用产业项目，但是这些项目投资额度小，引领带动作用有限。从全市来看，各类创新要素集聚度仍然不高，全市未形成"一盘棋"概念，未能形成强大的竞争力。

四、青峰药谷发展存在的问题

药品生产企业招商难度大。自 2014 年我国医药行业新版 GMP（生产质量管理规范）认证后，全国各大药品生产企业基本完成生产布局，药品生产企业若要新建厂房和生产，审批程序非常复杂、用时漫长。目前药品注册与生产许可"捆绑"的模式，导致药品生产企业跨区域布局积极性不高，即便药品生产企业有意向搬迁，但受限于国家政策，也往往"心有余而力不足"，引进新药品生产企业难度很大。

五、赣粤电子信息产业带发展存在的问题

第一，产业链散，没有形成完整的产业链条。虽然近年来电子信息产业发展较快、企业多，但各个细分行业还没有形成一条完整的产业链条，终端产品较少。

第二，缺乏一批拥有自主知识产权、主业突出、核心竞争力强的大公司或企业集团来引领带动。2017 年赣州市亿元以上项目 56 个，其中投资 10 亿元以上项目 18 个，但投资 50 亿元以上项目仍为空白（信丰县的合力泰科技股份有

限公司总投资 45 亿元)。

第三，龙南县、信丰县、南康区、章贡区、赣州经济技术开发区五县（区）产业定位差异化不够，协同效应不凸显，仍然存在同质化发展的问题。

第三节　推进赣南苏区"两城两谷一带"战略对策

针对以上问题，赣南苏区政府需要围绕完善产业发展思路、突出引进重大产业项目、夯实承载平台建设、加大政策扶持力度四个方面来抓好工作落实。

一、完善产业发展思路

第一，形成赣南苏区"一盘棋"。新能源汽车科技城将发展重点从引进改装车、专用车企业，转移至对现有乘用车整车企业研发能力、配套能力的提升。同时关注燃料电池发展，提前布局，合理规划新能源汽车产业发展的路径。南康现代家居城围绕提升赣州港的集聚辐射效应，加快江西汇明生态家居科技有限公司、赣州市爱康家居有限公司等龙头企业建设，推动家具出口和木材进口，实现"木材买全球、家具卖全球"。中国稀金谷进一步加大核心区基础设施建设和科研平台建设力度，强化项目对接招商，争取更多、更好的稀土和钨新材料及产业项目向稀金谷核心区集聚。青峰药谷由单纯医药制造向综合性大健康产业转型发展，建设集医药研发生产、中药材种植、旅游休闲、医疗保健、养生养老等功能于一体的大健康产业集群。赣粤电子信息产业带借鉴贵阳发展大数据产业的做法，按照龙南县侧重于智能光电、信丰县侧重于智能终端制造、南康区侧重于智能家居应用、章贡区侧重于特色软件与信息服务、赣州经济技术开发区侧重于汽车电子的产业布局，各有侧重，错位发展，进而形成赣南苏区"一盘棋"，相关部门要各司其职、各负其责，共同建齐、补强赣粤电子信息产业链条，助推电子信息产业绕道超车发展。

第二，紧抓军民融合发展的重大机遇。充分发挥中央部委干部在赣州市挂职的优势，加强与中央部委的沟通联系，在稀土新材料及应用、钨新材料及应用、光纤光缆、动力电池等重点领域，帮助指导一批赣州企业进入军工领域，促成一批军民融合技术和项目落户赣州。

第三，大力培育龙头企业。目前"两城两谷一带"中主营业务收入在 5 亿~10 亿元的企业只有 18 家，主营业务收入过 10 亿元的企业仅有 7 家，从这些数据中充分反映出龙头企业培育力度的不足。要针对主营业务收入在 5 亿~10 亿元的企业，通过支持企业上市，在项目安排、信贷资金、土地使用、税费等多方面给予倾斜支持，并引导、鼓励一批具备较强创新能力和市场前景的企业通过贫困县 IPO 绿色通道政策、兼并联合重组、科技创新、成果转化等方式谋求裂变发展。

二、突出引进重大产业项目

牢牢抓住招大项目、龙头项目这个"牛鼻子"，学习重庆市全力招大引强，创造"一头在外"的"整机+配套"垂直整合模式（原材料零部件本地配套、本地组装整机、整机对外销售）的成功经验，进一步加大招大引强力度。

新能源汽车科技城重点围绕在建的汽车整车及关键零部件企业展开大规模招商引资，跟踪对接四川野马汽车股份有限公司、上海机动车检测中心、香河昆仑化学制品有限公司电池电解液、北京羲源创新科技有限公司汽车轻量化材料等项目。

南康现代家居城以国际发展为方向，推动"买全球、卖全球"，着力引进一批木材进口、家具出口、外贸服务、港口配套、供应链金融等重点项目。

中国稀金谷突出稀土和钨新材料及应用产业首位产业招商，积极对接好三一重能有限公司风力发电设备生产项目、天津华建天恒传动有限责任公司设备制造项目、无人机项目等一批在谈重大项目，推进项目加速签约落地。

青峰药谷结合当前互联网时代下可穿戴医疗设备迅猛发展的机会，重点支持入谷企业发展远程医疗系统、可穿戴生理信息监测设备、具备云服务和人工智能功能的家用、养老、康复设备。

赣粤电子信息产业带围绕构建智能终端、智能光电、智慧城市三大产业链，打造五大特色产业基地，紧盯珠三角经济区、长三角经济区、海峡西岸经济区等重点区域，以世界 500 强和跨国公司、国内 500 强、国企、知名民企等为重点引进对象，开展"走出去、引进来"系列招商活动，着力引进落地一批整机制造及产业链关键环节、缺失环节等重大项目。

三、夯实承载平台建设

第一，打造一流平台吸引优质企业。像东莞松山湖高新区一样（东莞举全市之力，推行"人才特区"战略，为企业发展完善配套设施和各种服务环境），指导督促各承载地认真查找影响项目落地及企业发展的平台配套问题，科学规划，加快完善基础设施，优化园区平台服务机构，提升园区质量，吸引优质企业项目更好地落地。如南康现代家居城继续完善赣州港基础设施建设，全面推进赣州国际港站二期项目建设，着力提升赣州港运营能力，促进多口岸、多品种直通运营，全面推动铁海多式联运，打通内陆与沿海沿边无障碍通道。

第二，探索合作共赢的建设模式，学习中国与新加坡在苏州工业园中合作模式的有关做法（苏州工业园合作模式主要实行了三个层面的合作协调机制，第一层面是中国与新加坡两国政府联合协调理事会；第二层面是建立中国与新加坡双边合作委员会；第三层面是借鉴相关机构，由苏州工业园区借鉴新加坡经验办公室和新加坡贸易与工业部软件项目办公室负责日常联结工作），积极对接中央部委、中国科学院、中国工程院等科研院所，争取国内顶级科研院所在赣州市及各承载地设立分支机构、研发中心、院士工作站，充分发挥国家级科研院所的研发和资金来源优势，为赣南苏区的发展更好地提供人才、技术、资金支持。

第三，加快创新要素集聚。新能源汽车科技城要加快对接建设汽车检测中心、设计中心等相关平台建设；中国稀金谷要加快推进与江西理工大学、大连理工大学、解放军信息工程大学的产学研合作，尽早落地共建中国稀金（赣州）新材料研究院；青峰药谷要充分发挥青峰药业国家重点实验室作用，高标准建设中国（赣州）医药科创中心；赣粤电子信息产业带要进一步推进实验室、国家级电子信息产品检验检测中心等平台建设。

四、加大政策扶持力度

赣州市已出台新能源汽车、电子信息产业等重点产业扶持政策，并取得了积极成效。下一步要根据产业发展的趋势和变化，针对五大产业各自发展的关键、薄弱环节，进一步完善相关扶持政策，有针对性地对"两城两谷一带"产业扶持政策做好跟踪服务工作，切实让政策落到实处、落出成效。同时，强化开放合作，发挥好赣州市与河源市、厦门市和泉州市等地合作框架协议的优势，加强对接，进一步抓好开展产业合作实现优势互补、共同发展，并进一步发挥国家对口支援政策效应，具体措施如下：

第一，完善对口支援赣州市"两城两谷一带"建设机制。参照中央国家机关对口支援赣州市18个县（市、区）、赣州经济技术开发区的政策，进一步深化特色产业发展及人才技术对口帮扶，建立国家工业和信息化部对口业务司局、部属重点科研院校对口帮扶赣州市"两城两谷一带"建设机制，实行一个司局、一所重点科研院校对口帮扶一个重点工程，整合各种资源，协调和有效调

赣南苏区产业振兴发展研究（工业篇）

动各方力量，合力破解制约"两城两谷一带"建设的重大难题，在发展规划、平台建设、重特大项目引进、科技创新、人才交流合作等方面给予指导帮助。

第二，加大对赣州市"两城两谷一带"建设的倾斜支持。支持建设赣州市新能源汽车检测中心，继续推动国内整车企业设立分厂，优先支持赣州市新能源汽车整车企业申报生产资质。支持赣州市培育一批家具自主品牌企业，加大对赣州港及临港经济区建设的政策、资金支持。支持赣州市建设国家稀有金属新材料测试评价平台、稀有金属新材料生产应用示范平台，在国家新材料重大专项、新材料关键技术产业化计划等方面予以倾斜，做大做强中国南方稀土集团，帮助优化集团的重组、经营，支持赣州高新区创建国家新型工业化示范基地。对赣州市药品生产企业申报药品、医疗器械注册实行"即报即审、审过即发"，对异地迁建至赣州市的药品生产企业实行备案登记制度，支持企业实施中药大品种先进制造技术标准验证及应用项目。帮助赣州市引进智能终端整机制造项目，建设一批国家级科研平台，打造龙南县、信丰县、南康区、章贡区、赣州经济技术开发区等电子信息产业基地。

产业篇

第五章
赣南苏区能源与电力振兴发展

赣南苏区认真贯彻落实中央领导重要批示精神，深入推进赣南苏区振兴发展，加快《国务院关于支持赣南等原中央苏区振兴发展的若干意见》政策成果转化，"十三五"时期，全面推动能源发展转型升级，在构建安全可靠、低碳清洁、经济高效的现代能源体系方面取得了重要进展。

第一节 赣南苏区能源基础与发展现状

一、资源禀赋

赣州市少煤、无油气，水能丰富但剩余可开发量较少，新能源资源较丰富但开发难度较高，属于一次能源匮乏地区。其中，煤炭保有地质储量为4134万吨，占江西省煤炭保有储量的2.90%，可采储量仅2178万吨。目前暂未发现具有开采价值的石油资源，也无常规天然气资源。水能理论蕴藏量为216.2万千瓦，占江西省水能理论蕴藏量的31.6%；水能资源技术可开发量158.6万千瓦，占江西省水能资源技术可开发量的25.2%；现有水电装机已占水能资源技术可开发量的72%，剩余可开发量少，且开发难度大、成本高。赣州市风能技术可开发量约300万千瓦，占江西省风能技术可开发量的37%，位于江西省各设区市第一，属风能Ⅳ类资源区；太阳能年储量为 4.25×10^5 亿千瓦·时，约为52.23亿吨标准煤，占江西省太阳能年储量的23.35%，位列江西省首位，属太阳能Ⅲ类资源区；生物质能、地热能资源丰富但开发难度较高。

二、发展现状

1. 电源

截至 2017 年 6 月，赣州市区域发电装机容量为 314.99 万千瓦，其中江西省统调装机容量为 126.55 万千瓦，分别为瑞金电厂装机 70 万千瓦，上犹江电厂装机 7.2 万千瓦，风电装机 49.35 万千瓦；地调统调装机容量为 64.18 万千瓦，其中水电装机 31.58 万千瓦，光伏地面电站 29.6 万千瓦，生物质能发电装机 3 万千瓦；县统调及以下电源装机容量为 124.26 万千瓦。

（1）火电。华能瑞金电厂是赣州市唯一的火电电源支撑点，电厂规划容量为 2×350 兆瓦+2×1000 兆瓦。一期工程建设 2×350 兆瓦超临界燃煤发电机组，于 2007 年 4 月获国家发展改革委核准，历时 19 个月建设，两台机组于 2008 年底建成投产。2015 年 6 月，二期 2×1000 兆瓦扩建工程获核准。

（2）水电。水能是赣州市重要的能源资源，赣州市水能理论蕴藏量为 216.2 万千瓦，可供开发量为 158.6 万千瓦，占江西省可开发量的 26%，已建成水电装机容量 115.3 万千瓦。赣州市水电站分布广、单机规模小，除龙潭水电站具有年调节能力、上犹江水电站具有季调节能力外，其他无调节能力的径流式小水电站占比在 90% 以上。装机容量在 5 万千瓦及以下的小水电站共有 1213 座，年均发电量约 40.98 亿千瓦·时。其中，装机容量为 2.5 万~5 万千瓦共 4 座，装机容量在 1 万~2.5 万千瓦共 8 座，装机容量在 1 万千瓦以下的小水电站占 98.8%，装机容量 5 万千瓦以上水电站共 2 座。

2. 电网

赣州市电网处于江西电网末端，属典型的受端电网。目前，赣州市电网已形成了以 500 千伏为依托，220 千伏县县全覆盖、110 千伏县县多电源供电的网架，每个县至少有一座 220 千伏变电站，2 座 110 千伏变电站，县城区实现 110 千伏双电源供电。赣州市电网通过三回 500 千伏线路（文赣Ⅰ线、文赣Ⅱ线、抚红线）、四回 220 千伏线路（万燕线、万虎Ⅰ线、万虎Ⅱ线、渡埠线）从江西主网受电，同时通过四回 220 千伏线路从华能瑞金电厂受电。赣州市最大供电能力为 350 万千瓦，其中赣州市内部最大供电能力为 85 万千瓦，剩余 265 万千瓦需外部电能输送。目前历史最大负荷为 260.5 万千瓦。

截至 2017 年 6 月底，500 千伏公用变电站共 3 座（赣州变电站、雷公山变电站、红都变电站），主变压器 5 台，变压器总容量 3750 兆伏安；220 千伏公用变电站 23 座，主变压器 39 台，主变压器总容量 6.5 万千兆伏安，220 千伏线路 57 条，线路长度 2264 千米；110 千伏公用变电站 90 座，主变压器 137 台，主变压器总容量 559 千伏安，110 千伏线路 184 条，线路长度 3145 千米；35 千伏变电站 196 座，主变压器 321 台，主变压器容量 205 万千伏安，35 千伏线路 324 条，总长度为 3805 千米；10 千伏配电变压器 29704 台，变压器容量 714 万千伏安，户均容量 2.16 千伏安，其中农村户均容量为 1.34 千伏安；赣州城网电压合格率达 99.996%、农网电压合格率达 99.780%、城网供电可靠率为 99.9487%、农网供电可靠率为 99.8396%，如表 5-1 所示。

表 5-1　赣州市公用电网规模统计（不含用户资产）

项目	2011 年	2016 年	2017 年
220 千伏电网	13	23	23
220 千伏变电站座数（座）			
220 千伏主变压器台数（台）	23	38	39
220 千伏变压器容量（万千伏安）	330	597	615
220 千伏线路条数（条）	31	57	57
220 千伏线路长度（千米）	1316	2264	2264
110 千伏电网	61	88	90
110 千伏变电站座数（座）			
110 千伏主变压器台数（台）	90	131	137
110 千伏变压器容量（万千伏安）	275	528	559
110 千伏线路条数（条）	101	181	184
110 千伏线路长度（千米）	1652	3117	3145
35 千伏电网	166	193	196
35 千伏变电站座数（座）			
35 千伏主变压器台数（台）	260	317	321
35 千伏变压器容量（万千伏安）	88	202	205
35 千伏线路条数（条）	268	312	324
35 千伏线路长度（千米）	3186	3424	3804
10 千伏电网	28953	29456	29704
10 千伏配电变压器台数（台）			
10 千伏配电变压器容量（万千伏安）	100	701	714

3. 煤炭

截至 2015 年底，赣州市共有各类在册煤矿 34 座，包括地方国有煤矿 9 座、乡镇煤矿 25 座，总产能 167 万吨。主要分布在 7 个产煤县（市、区），其中，信丰县 14 座、龙南县 4 座、于都县 6 座、赣县区 4 座、崇义县 2 座、宁都县 2 座、瑞金市 2 座。根据国家和江西省化解煤炭过剩产能工作要求，"十三五"期间，赣州市将关闭退出煤矿 34 座，退出产能 167 万吨，整体退出煤炭生产领域。赣州市电煤全部要靠外面调入，主要有以下三个调入通道：一是依托京九线从北方省份调入；二是从秦皇岛和惠州等港口城市海运至厦门，再经龙厦铁路、赣龙铁路运至赣州市；三是从印度尼西亚及菲律宾海运至厦门，再经龙厦铁路、赣龙铁路运至赣州市。赣州市煤运通道运力能够满足现阶段的煤炭调入需求。

4. 油、气

第一，成品油。赣州市成品油全部依赖市外调入，来源主要是江西成品油管道二期工程，另有部分从广东、福建、吉安等地购入。樟吉赣成品油管道于 2016 年 8 月建成投营，下载库容量达 9 万立方米，设计年输送能力至 2020 年为 140 万吨，年最大输送能力可达 300 万吨。管道输送能力与赣州市"十三五"期间成品油市场需求发展相匹配，形成完善有效的成品油进销存保障体系。赣州市现有成品油零售企业 476 家、成品油批发仓储企业 3 家、油库 3 座，总库容 13.5 万立方米。现有成品油管道能够满足赣州市成品油消费需求，但成品油分销体系尚不完善，加油站及油库布点不足且分布不尽合理，远未满足当前的市场需求。

第二，天然气。近年来，赣州市天然气发展取得了长足进步，用气量显著增长，管网建设明显加快，供气范围不断扩大。

（1）国家主干网。目前，赣州市已建成西气东输二线工程（赣州段）和西气东输三线工程（赣州段），建成管道总里程 261.92 千米，实现双气源供气，其中西气东输二线工程（赣州段）全长 104.72 千米，途经赣州市南康区 77.67 千米、大余县 27.05 千米，设赣州分输站，于 2011 年 9 月底建成通气，累计供气量 1.4 亿立方米；西气东输三线工程（赣州段）全长 157.2 千米，途经赣州市兴国县 67.3 千米、于都县 28.9 千米、瑞金市 61 千米，设于都分输站、瑞金分输站和兴国阀室，于 2016 年 10 月建成通气。

（2）省级中游管网。目前江西省天然气管网工程赣州段 15 条支线，已建成 3 条支线，管道总长 38.9 千米，中心城区（章贡区、经济技术开发区）、南康区、赣县区已使用上长输管道天然气。

（3）城镇天然气管网。目前赣州市已有 15 个县（市、区）使用上天然气，

2016 年用气总量为 1.1 亿立方米，建成城市中压管网 2000 千米，建成储气设施 30 座，总储气能力 160 万立方米，应急保障能力在 45 天以上，建成压缩天然气（CNG）加气母站 1 座，天然气汽车加气站 3 座。

5. 新能源

赣州市风能、太阳能、生物质能、地热能等新能源资源较为丰富，开发利用前景广阔。太阳能资源总储量及单位面积储量、农林剩余物储量、已勘测地热水（温泉井）数量、风能资源储量等均居全省首位，为国家首批新能源示范城市，上犹、定南两县入选国家绿色能源示范县。

（1）风能。赣州市风能技术可开发量约 340 万千瓦，占江西省的 37%，位居全省前列，属风能Ⅳ类资源区，具有较好的风能开发潜力和价值。目前，赣州市共有 50 余个风电场开展了测风工作，"十三五"末期预计可开发规模达 350 万千瓦左右。已核准 30 个风电场，总装机容量为 205.09 万千瓦，总投资约 183 亿元，其中已累计建成风电项目 9 个，装机容量为 44.95 万千瓦。列入江西省 2017 年风电开发建设计划拟核准项目 7 个，装机容量为 41 万千瓦。

（2）太阳能。赣州市属太阳能Ⅲ类资源区，太阳能资源可利用性好。年平均等效利用小时数约 1000 小时。目前建成光伏装机容量约 75.5 万千瓦，其中，地面集中式光伏装机容量约 14.6 万千瓦；屋顶分布式光伏装机容量 18 万千瓦；光伏扶贫装机容量 42.9 万千瓦。

（3）其他。已建成生物质发电项目 2 个，装机容量为 3.3 万千瓦，瑞金凯迪绿色能源开发有限公司、安远凯迪绿色能源开发有限公司生物质发电项目以及信丰县、瑞金市城镇生活垃圾焚烧发电项目已完成核准，并已开工建设。已建成地源热泵项目 1 个。

第二节　赣州市能源与电力工业发展面临的问题

近年来，在党中央、国务院的亲切关怀下，尤其是自《国务院关于支持赣南等原中央苏区振兴发展的若干意见》出台以来，国家能源局高位推动对口支援，给予了大量的资金、项目、政策以及人才方面的支持，赣州市能源发展取得了长足的进步，供应能力稳步增强，能源结构不断优化，能源惠民力度不断加强。但由于能源设施基础差、欠账多、发展底子薄的历史原因，能源自给率低下、能源基础设施薄弱等一系列问题未彻底解决，赣州市的能源境况仍未根本改变，能源保障能力仍然较弱。

一、能源自给能力严重不足

赣州市缺电、少煤、无油气，能源资源匮乏，常规能源人均占有量较低，对外依存度高，随着能源需求的增长，能源缺口越来越大，自给率持续走低。初步测算，目前赣州市能源总自给率约16%左右，远低于全国、江西省平均水平，分别占全国、江西省平均水平的25%、70%。目前全市仅有华能瑞金电厂2×350兆瓦一个火电支撑点；水电站分布广、单机容量小，除龙潭水电站具有年调节能力、上犹江水电站具有季调节能力外，其他水电站均为无调节能力的径流式水电站，造成赣州市电网运行电压随丰枯季节和峰谷时段的变化而发生较大波动；保有煤炭资源大部分属于远景储量，煤炭产量有限；天然气、成品油无生产能力，所有用量全部从市外调入；新能源资源较为丰富，但目前发展相对落后，不成规模。

二、能源基础设施建设滞后

1. 支撑性电源点

煤电行业面临电力需求增速放缓、经济下行压力偏大、行业产能过剩、投资预期逐步下降等问题，煤电企业投资信心严重不足，同时因"11·24"丰城电厂施工平台倒塌事故影响，江西省煤电建设风险预警由绿色等级调整为橙色等级。华能瑞金电厂二期工程2年前获核准，开工建设存在困难；神华国华信丰电厂项目列入国家能源局《电力发展"十三五"规划》，核准开工准备工作已齐备，但至今仍未核准建设。

2. 电网

500千伏电网、220千伏电网、110千伏电网结构仍待强化；配电网建设总体依然滞后，检修或故障时负荷转移困难，互带能力差，供电能力不强，可靠性不高，局部薄弱问题将不断凸显。

3. 天然气

赣州市长输管道天然气起步晚，省级天然气管网建设滞后，目前仅中心城区可使用长输管道天然气，建成管道总长仅占江西省省级管道总里程的3.35%，2018年赣州市长输管道天然气用气量仅占江西省总量的5%。赣州市天然气终端运营企业经济实力较弱、运营管理水平较差，存在"小散乱"的问题，管网建设进度缓慢，绝大多数县仍以液化天然气（LNG）为气源，市场培育不足，用气成本高，保障能力差。

4. 成品油

加油站和成品油库分布不均，且建设进度滞后；部分加油站布局不尽合理，特别是农村加油站较少，部分边远乡镇仍无加油站，水上加油站（点）稀缺。

三、农村电网依然薄弱

2012～2017 年，赣州市累计获得农村电网改造升级投资 46.6 亿元，农村电网虽逐步得到改善。但综合考虑赣州市农村地域广阔、农网基础薄弱、历史欠账较多、设备严重老化等因素，现有投资规模还是有限，建设标准偏低，改造不彻底，特别是中低压电网改造率低，仍然难以满足农村经济发展对电力的需求。

目前赣州市农村配电变压器、低压线路还有不少是农网一期、二期（1998～2001 年）建设投运的，建设标准低，配电变压器布点不足、低压线路老旧、供电半径过长的问题较为突出；赣州市农村户均配电变压器容量远低于全国平均水平，距离国家能源局行动计划中 2020 年目标平均每户 2.0 千伏安的要求尚有不小差距；赣州市 284 个乡镇仍有 72 个无 35 千伏及以上变电站，站点覆盖率仅为 75%。

四、电网调峰能力亟待提升

赣州市大力发展新能源，水电、风电、光伏发电等随机性、间歇性工作电源装机容量增长迅速，到 2020 年约占全市电源装机总容量的 58%，对赣州市电网调峰能力提出了更高的要求。现阶段，赣州市电源结构仍以煤电为主，在运行灵活性上相对较差，电网的资源配置能力不够，一旦大容量火电机组出现停运，赣州市将出现电力供需紧张的局面，供电安全性存在隐患。赣县区抽水蓄能电站目前仅列为备选项目，须纳入此轮正在调整的 2025 年抽水蓄能电站规划才能实施，但因站点选址范围涉及峰山国家森林公园规划区域，项目无法入规。

五、能源结构不够合理

通过前一阶段化解煤炭过剩产能、电改、发展新能源等措施，赣州市能源结构调整初见成效，但距离国家、江西省的标准还有差距。一方面，能源消费结构不均衡。近几年，赣州市能源消费总量总体呈逐年上升趋势。其中，煤、电、油三者消费量占全市能源消费总量的 95% 以上，煤炭消费量达 36% 左右；天然气等清洁能源比重略微上升，但占比仍较小。另一方面，能源生产结构较为单一。主要为煤炭和水电，赣州市拥有较丰富的清洁能源资源，但由于能源技术等制约瓶颈，目前发展相对落后。光伏发展空间规模小，风电开发还处于基础性开发阶段，尚未计入能源生产总量；生物能源开发利用难度大，规模受到限制。

六、能源普遍服务水平不高

在国家能源局的大力支持下，在各有关部门的通力协作下，赣州市在能源扶贫方面做出了一定的成绩，能源普遍服务水平相应提高。但由于赣南苏区贫困面广，贫困人口多达 50.2 万人，占江西省的 37.7%，脱贫任务重，目前能源扶贫规模有限，覆盖面不够广，政策不够完善，专项资金投入和补贴力度不强，能源普遍服务水平还有很大的提升空间。

第三节　推进赣州市能源与工业发展的建议

为充分挖掘《国务院关于支持赣南等原中央苏区振兴发展的若干意见》政策红利，深入释放对口支援能量，加快补齐赣南苏区能源发展短板，增强能源保障能力，需国家、江西省进一步加大政策、资金、项目等方面的支持力度，可以从以下九个方面给予重点支持。

一、主攻能源支撑性项目

加快支撑性电源点建设，争取到 2020 年赣州市内支撑性电源新增装机容量 270 万千瓦以上，基本达到电力供需平衡，全面提升能源自给和电力调峰能力。

（1）支持华能瑞金电厂二期 2×1000 兆瓦扩建工程尽快开工建设。该项目已于 2015 年核准，核准文件有效期延长至 2018 年 6 月 30 日，目前已全面完成 35 项复工手续，具备开工条件，但还需中国华能集团有限公司加大投资力度和推进建设进度。

（2）支持赣浙国华信丰电厂 2×660 兆瓦项目加快核准建设。该项目已通过初步可研评审，核准条件已全部到位。争取国家进一步加大对该扶贫电厂的支持力度，力推项目 2019 年 10 月前核准，年底前开工建设。

（3）支持赣县区抽水蓄能电站纳入规划站点实施。赣县区抽水蓄能电站规划装机容量达 120 万千瓦，总投资约 70 亿元，已列为抽水蓄能 2020 年规划备选项目。需国家林业局调整峰山国家森林公园区域，规避项目与生态红线冲突，同时争取国家能源局支持纳入正在调整的 2025 年抽水蓄能规划，推动项目早日开工建设，保障赣州市电网调峰和安全运行。

二、全面优化供电主网结构

支持赣州市全面补强主网结构，进一步提升供电质量和供电可靠性。

第一，支持赣州市加快赣州西、信丰县 500 千伏输变电工程建设，进一步完善赣州市 500 千伏电网结构，提高赣州市电网的供电能力和供电可靠性。

第二，支持赣州市建设经济技术开发区三江乡、章贡区水西镇和乐村 220 千伏输变电工程，形成以赣州市大都市区 220 千伏"双环网"及东部、南部、西部单环网为依托的 220 千伏"四环"主网架，大幅提高 220 千伏电网输送能力。

第三，支持赣州市新建开发区赤湖、南康龙岭南（秀峰）等 110 千伏变电站 27 座，扩建章贡区赤珠等 110 千伏变电站 23 座，形成分区清晰、供电能力充足、供电可靠性高的 110 千伏电网。

三、强化城镇配电网建设

支持赣州市加快配电网建设与改造，建成结构清晰、运行灵活的智能配电网架，做到容量适度超前、供电安全可靠，到 2020 年，中心城区供电可靠率达到 99.999%，用户年均停电时间不超过 6 分钟；城镇地区供电可靠率达到 99.971% 以上，用户年均停电时间不超过 2.5 小时。

（1）支持赣州市开展配电网装备提升行动。规划新建、改造 35 千伏变电站 26 座，新增容量 23.67 万千伏安，新建、改造线路约 131.87 千米；规划新增 10 千伏线路长度 2531 千米，配电变压器 3812 台，共计新增配电变压器容量 62.59 万千伏安；力争全市配电自动化覆盖率达到 100%。

（2）支持赣州市开展微电网试点工作。把握国家力推微电网试点的契机，享受微电网建设方面的优惠政策，配套专项资金，建立备用容量费和电价自行协商机制。

四、加大农村电网改造升级力度

持续加大对赣州市农村电网改造升级工程投资及政策的倾斜扶持力度，提高农村电网的建设改造标准，全面完成 851 个小城镇（中心村）电网建设改造任务，全面解决农村通动力电问题，到 2020 年，赣州市县级供电区供电可靠率提升至 99.92%，综合电压合格率提升至 99.4%，户均配电变压器容量达到 2.0 千伏安，农村电网改造率达到 100%，农网整体达到全国平均水平。

一方面，支持提高赣南苏区农网中央资本金总额，争取每年增加赣南苏区农网中央资本金 5000 万元以上。

另一方面，支持将赣州市全部列入小康用电示范县，参照信丰县小康用电示范县建设模式，将赣州市全域打造成全国小康用电示范市。

五、提升天然气供应保障能力

支持推进"气化赣州"工程，加大资金、政策支持，提高赣南苏区天然气利用水平，实现 18 个县（市、区）管道气化。依托国家干线建设联通各县的输气管道及配套调峰储气设施，初步建成覆盖全市、联网成环、调配灵活、相对独立的天然气网络。加快推进大余—信丰段等 12 条支线工程，建设天然气管网 680.1 千米，新建场站 12 座，总投资约 32 亿元，2020 年前实现长输管道天然气县县全覆盖。支持赣南苏区享受优惠气价，降低国家、省级管网配气价格。

六、加快新能源开发利用

首先，支持赣州市开发利用风能、生物质能、太阳能等可再生能源，把赣州市建成全国具有重要地位和较强竞争力的新能源产业基地。

其次，支持赣州市适度规模、合理布局、注重生态、有序开发风电，逐步形成江西省典型的高山风电场带。至 2020 年，力争建成风电装机容量约 200 万千瓦。

再次，支持赣州市因地制宜推进地面光伏项目，支持农（林）光互补综合利用，积极稳步实施光伏扶贫项目。至 2020 年，力争建成光伏发电装机容量 80 万千瓦。

最后，支持赣州市利用丰富的农林剩余物及城镇垃圾等生物质资源，规划

078

建设一批农林生物质发电项目。"十三五"期间建成生物质发电装机容量10万千瓦。

七、探索能源扶贫试验区建设

支持赣州市建设能源扶贫试验区，实行先行先试，在政策、项目、容量指标、资金上给予赣州市更大的支持和倾斜。支持赣州市建立风能等新能源资产收益扶贫机制，实施风电、光伏等新能源扶贫；支持利用集中连片废弃矿山建设地面光伏发电项目，打造先进技术光伏发电示范基地。

八、推进新能源汽车充电设施网络建设

支持赣南苏区新能源汽车充电设施网络建设，加大政策、资金扶持力度，打造布局合理、科学高效的充电基础设施体系，实现赣州市区充电基础设施全覆盖，着力打造赣南苏区新能源汽车充电生态圈。到2020年，全市建成32座充电站和15100根充电桩，基本建成平均服务半径为6千米的充电设施网络体系。建设中心城区充电站12座、充电桩816根。

九、大力发展新能源装备产业

支持赣州市建设新能源装备制造产业园，帮助引进知名能源装备制造业企业和新型高技术含量项目，并在政策、项目、资金等方面予以支持。重点发展具备较好基础和比较优势的风电装备、光伏装备、输配电装备、新能源汽车产业等领域，打造千亿产业集群，基本形成与江西省内能源产业发展相配套，与能源开发建设需求相适应的完整产业链。

第六章
赣南苏区食品加工业振兴发展

第一节　赣州市食品加工业发展概况

赣州市的地理位置处于江西省南部，是江西的"南大门"，地处亚热带季风气候区，四季分明、气候温和、热量丰富、雨水充沛，地形以山地、丘陵、盆地为主，地处高含硒量生态景观区域，富硒土地资源分布面积近 4000 平方千米，全市乡村总人口 770 万人，耕地面积 483 万亩。为农产品的种植提供充足、肥沃的土壤、适宜的气候条件、充足的劳动力。在赣州市 3 个市辖区、14 个县、1 个县级市、2 个功能区中，以食品加工业为发展重点的县包括于都县、石城县、崇义县、瑞金市、会昌县、赣县区等，各个县（市、区）之间根据地理位置、气候差异等，发展以不同产品为对象的食品加工业。

一、赣南粮食加工业

以水稻为主的粮食产业是赣州市的传统产业，宁都县、兴国县、信丰县、于都县、赣县区、南康区、瑞金市、会昌县 8 个县（市、区）是江西省粮食生产重点县（市、区），其中宁都县是全国产粮大县，赣州市整体粮食加工能力较强，现有粮食种植专业合作社 352 个，百亩以上粮食种植大户 213 户，现有规模以上粮食加工企业 107 家，年加工能力 220 万吨，实际加工 90 万吨。其中，会昌县的"五丰牌"系列米粉多次荣获省、部级金奖和国内名牌及省内著名商标等荣誉。全市利用水稻进行深加工的主要产品有宁都富硒有机大米、崇义高山梯田有机大米、会昌米粉、定南胜仙面条、赣县面条、赣县黄元米果、石城手工米粉、大余黄元米果等。

二、赣南脐橙及加工产品

作为"世界橙乡"的赣州市，是全国柑橘主产区、全国最大的脐橙主产区，主要产品有赣南脐橙、寻乌蜜橘、南康甜柚、安远红心柚、会昌桔柚、石城红肉脐橙、信丰农夫山泉 17.5°脐橙汁、赣县脐橙酵素深加工品等。2018 年赣州市脐橙种植面积达 156 万亩，产量达 116 万吨。2017 年全市实现脐橙产业集群总产值 118 亿元，其中鲜果收入 62 亿元，帮助 25 万种植户、70 万果农增收致富，脐橙产业带动 100 万农村劳动力就业；种植户户均收入 2.48 万元，果农人均收入 8850 元，占果农人均收入的 85%。脐橙产业解决了 100 万农村劳动力就业，带动了苗木、生产、养殖、农资、分级、包装、加工、贮藏、运输等全产业链发展。"赣南脐橙"誉满世界，2016 年"赣南脐橙"以 668.11 亿元的品牌价值，位列初级农产品地理标志区域品牌第一，2017 年被列入中欧"100+100"互认保护名单，在"2018 中国品牌价值百强榜"上，赣南脐橙以 908 的品牌强度、601.13 亿元的品牌价值列区域品牌（地理标志保护产品）百强榜第九位，在水果类产品中名列第一。

三、赣南油茶加工

"赣南茶油"为国家地理标志保护产品。赣州市是江西省最大的油茶主产区之一，是全国油茶产业发展示范市，也是全国重要的油茶种植区。全市现有油茶林面积 243 万亩，规模以上茶油加工企业 12 家，年茶油产量达到 1.5 万吨，茶油产业总产值 42 亿元。主要品牌包括"齐云山""友尼宝""百丈泉""仰山""山村"等，茶皂素、化妆品、洗涤品、药用茶油等创新型研发的系列产品远销国内外，代表产品有赣南知名品牌茶油及茶油胶囊、茶油洗发液、茶籽洗洁精等。

四、赣南茶叶产品

赣州市的茶叶种植是全市覆盖的产业，赣州市种茶历史悠久，从唐代开始就已列为贡品，是北宋全国 13 大茶区之首，在全国区划中属于茶叶生产的最适宜区。全市 18 个县（市、区）均有茶叶种植，总种植面积 20.3 万亩，有茶叶加工企业 66 家，年产量 5000 吨，知名度较高的茶叶主要有上犹绿茶、崇义绿（白）茶、定南云台山茶、宁都小布岩茶、瑞金武夷源茶、于都盘古龙珠茶、龙南虔茶等。其中，多个品牌获中国驰名商标及中国茶博会、绿博会金奖。

五、赣南白莲产品

赣州市的白莲产业也是赣州市食品加工业的发展重点，白莲种植在赣州市已有 300 多年的种植历史，全市白莲种植面积 14 万亩。石城县 1996 年被国务院农业发展研究中心命名为"中国白莲之乡"，多年来，石城县都在致力于打造"中国最美莲乡"。石城县先后引进推广太空莲 3 号、建选 35 号莲藕品种等几百个系列品种，主要产品包括石城白莲、冷冻鲜莲及莲制品。

六、赣南果酒饮料产品

赣州市的果酒饮料产品主要有崇义君子谷刺葡萄酒及饮料、安远桑葚酒、宁都三甲酒、信丰玉米汁等。君子谷刺葡萄酒是赣州市果酒饮料产品的典型代表，刺葡萄主要在崇义县种植，种植面积达 5000 亩，成功酿造出符合国家葡萄酒标准的君子谷葡萄酒，年产量达 1000 吨，获第五届亚洲葡萄酒质量大赛金奖。

七、休闲小食品加工

休闲小食品加工也是赣州市的一大特色食品，主要有大余多味花生、崇义齐云山南酸枣糕、南康月亮巴、兴国倒蒸红薯干、龙南恒泰花生、于都柿饼等，均体现了赣州市客家人创新独特的制作工艺。

第二节　赣州市食品加工业龙头企业介绍

一、江西蒙山乳业有限公司

（一）公司基本情况

江西蒙山乳业有限公司（见图 6-1）坐落在宁都县工业园区长胜路东侧，

于 2016 年 12 月注册成立，占地 108 亩，建筑面积 78721.04 平方米，注册资金 5000 万元。该公司是一家集乳制品研发、生产、销售、物流配送及奶牛养殖、现代农业种植和观光旅游为一体的三产融合企业。园区包括一座年产 7 万吨乳制品加工厂和一座存栏 3000 头进口奶牛生态旅游观光牧场，总投资 6 亿元，建设 7 条智能化乳制品生产线、日供 100 吨鲜奶奶源基地及日接待参观旅游人员 1000 人以上的牧场旅游基地。建设时期为 2016 年 9 月至 2017 年 12 月，江西蒙山乳业有限公司乳酸饮料生产项目 2018 年产销两旺，实现主营业务收入 3.5 亿元，纳税 2500 万元。该公司打造了集无害化有机奶牛饲料种植、可视化奶牛安全饲养、智能化牛奶加工及互动化奶牛观光为一体的"种养+旅游"全产业链的体系，五年内打造成为宁都县周边 300 千米内低温乳制品第一品牌，江西蒙山乳业有限公司将有力壮大宁都县食品加工特色产业及进一步带动产业链相关企业发展。2018 年 12 月 29 日，江西蒙山乳业有限公司高标准建设牧场和加工厂，打造优质安全的乳制品全产业链。

图 6-1　江西蒙山乳业有限公司

（二）公司产品与商标专利

江西蒙山乳业有限公司主要产品有花生牛奶复合蛋白饮料、核桃牛奶复合蛋白饮料、乳酸菌饮品。主要品牌有"优乐多""明太郎""康磊""阳光乐园""小磨时光"等（见图 6-2）。已经自主注册两个商标，分别是翠微牧场、蒙山牧场，申请转让商标有"翠微峰"和"小磨时光"，以"翠微牧场""小磨时光"作为商标的产品有食品和啤酒饮料，以"蒙山牧场"和"翠微峰"为商标的产品均为食品。已经获取三项专利，分别为一种提高粘度和风味的豆奶制备方法和两个豆奶盒专利。

图 6-2　江西蒙山乳业有限公司主要产品

（三）相关许可

2017 年 3 月至 2018 年 1 月，江西蒙山乳业有限公司已获得 5 项工商局行政许可，分别是江西蒙山乳业有限公司日产 200 吨乳制品建设项目许可、建筑工程施工许可证、2017 年 12 月特种设备注册登记（2 台）、2018 年 1 月特种设备注册登记（1 台）、准予税务行政许可决定书。2018 年获得 2 项信用行政许可证，分别通过江西省食品药品监督管理局（许可内容为巴氏杀菌乳、调制乳、灭菌乳、发酵乳；含乳饮料、植物蛋白饮料）、赣州市宁都县国家税务局（增值税专用发票最高开票限额审批）审批许可。

（四）公司荣誉

江西蒙山乳业有限公司公司通过挖掘地方优势原材料、地方传统特色产品和无污染资源，已为地方农业产品深加工闯出了一条路子，为此被赣州市农业产业化经营领导小组授予了"农业产业化经营市级龙头企业"，被宁都县委、县政府评为"年度优秀龙头企业"。2018 年度主攻工业成长型企业奖（共 50户），江西蒙山乳业有限公司位列其中。江西蒙山乳业有限公司总经理廖长生被评为"2018 赣州市食品产业年度人物"。

二、江西齐云山食品有限公司

（一）公司基本情况

江西齐云山食品有限公司（见图 6-3）位于赣州市崇义县，创建于 1958

年，是赣州市建厂时间最早，发展历史最长的食品工业企业之一。代表产品齐云山南酸枣糕1992年由齐云山公司首创面市。该公司2010年注册成立江西齐云山油茶科技有限公司，投资超亿元，专业从事油茶种植、科研和产品深加工。引进德国、瑞典、美国等世界上先进的油脂冷压榨、精炼技术工艺和设备，专业生产高纯度山茶油，年产"齐云山"牌高纯山茶油3万吨，是目前国内产能位列前茅的专业油茶加工企业。公司生产的"齐云山高纯山茶油"以其纯天然、轻脂肪深受消费者钟爱，在全国各地设有二十余个销售办事处，远销海内外。齐云山南酸枣糕已基本形成华东、华南市场为主，全国各省市场为辅，部分出口销往美国、加拿大、澳大利亚、新加坡、马来西亚、韩国等国家和地区的市场格局。

图6-3　江西齐云山食品有限公司

　　2019年4月，江西齐云山食品有限公司与阿里巴巴太极禅苑达成合作，旗下齐云山高纯山茶油成为阿里巴巴太极禅苑山茶油指定供应商。太极禅苑是阿里巴巴旗下一个以太极为主题文化，由马云和李连杰在杭州西溪湿地合建，融合会议服务、餐饮的主题馆。它是阿里巴巴集团决策的"中心"，更是马云会客的私人高端会所。

　　(二) 公司产品

　　1992年齐云山公司首创齐云山牌南酸枣食品，以其自然纯真、野生原味和纯滑柔韧的独特口感深受消费者喜爱，是国内南酸枣生产技术和质量的标杆，产销量遥遥领先。齐云山公司主要产品有齐云山牌南酸枣糕、Y-hoo野生酸枣凝、南瓜糕、青梅糕、脐橙糕等。2010年注册成立江西齐云山油茶科技有限公司，高纯山茶油成为它的主产品之一，如图6-4、图6-5所示。

赣南苏区　产业振兴发展研究（工业篇）

图 6-4 江西齐云山食品有限公司枇杷糕　　　　图 6-5　江西齐云山油茶科技
　　　　　　　　　　　　　　　　　　　　　　　　　有限公司油茶籽油

（三）公司荣誉

　　龙头产品齐云山南酸枣糕 1992 年由齐云山公司首创面市，自 1997 年以来至今被中国绿色食品发展中心认证为"绿色食品"，是国内同类产品最早且唯一连续四期 12 年通过"绿色食品"认证的食品。2003 年"齐云山"商标被认定为"江西省著名商标"；2005 年江西齐云山食品有限公司被评为"江西省农业产业化省级龙头企业"；2007 年齐云山南酸枣糕荣获"江西名牌产品"称号、"齐云山"商标被认定为"中国驰名商标"、江西齐云山食品有限公司被评为"中国绿色食品优秀企业""全国食品工业优秀龙头食品企业""江西省农业产业化龙头企业"。2017 年 12 月，经江西省质量技术监督局认定，江西齐云山油茶科技有限公司生产的"齐云山"牌油茶籽油被授权"江西名牌产品"荣誉称号。2018 年 7 月 30 日，国家知识产权局发布公告，正式批准"齐云山南酸枣糕"为国家地理标志保护产品，自公告之日起实施保护。目前，江西齐云山食品有限公司是国内南酸枣糕生产技术最好、质量最优、产量最高、销量最大的公司，是享有盛誉的中国绿色食品优秀企业。

（四）公司理念

　　公司秉承"追求自然纯真，奉献绿色健康，缔造幸福生活"的经营宗旨，长期致力于山区野生食品资源开发天然绿色健康食品，一直专注于具有特色的天然绿色健康食品领域，坚持"质量是第一竞争力"的理念，持续技术创新，不断提升产品品质。江西齐云山食品有限公司以其可靠的质量、天然的特质、绿色健康的形象赢得消费者的广泛青睐。

三、江西五丰食品有限公司

（一）基本情况

江西五丰食品有限公司成立于 1996 年 9 月，位于赣州市会昌县，是香港华润集团下属企业，由华润五丰有限公司控股，是一家集五丰牌、高富牌、汉仙牌米粉生产、销售和米粉工艺研究及其专用机械制造于一体的农业产业化龙头企业，其生产规模、技术水平、出口量均居国内同行前列。

（二）公司产品与生产

公司的主要产品为米粉（见图 6-6），五丰米粉分中式、西式、营养、速食四大类，共有 60 多个品种。产品采用专利工艺技术生产，全部为纯大米制作，不含任何添加剂。其独特的风味、良好的品质，在国内外享有极高的声誉，受到了有关专家和广大消费者的一致好评，并已通过了国家原产地标记注册认证。产品 80% 以上出口到美国、加拿大、英国、法国等 20 多个国家和地区。

图 6-6　江西五丰食品有限公司主要产品

公司具备雄厚的生产技术力量，创新能力强，具备自主研发新产品和专用机器设备的能力，拥有直条米粉发明工艺等 30 多项国家专利，并且每年均有 2~3 个新产品上市。并且五丰米粉通过了原产地标记注册认证和绿色食品认证，公司拥有国家专利技术 40 多项。目前公司具备年产 2 万吨系列米粉的生产能力，共有四大系列 50 多种产品。公司管理科学规范，特别是在质量管理方面已和国际接轨，不仅通过 ISO9001 质量管理体系、ISO22000 食品安全管理体系、HACCP 体系和 GAP 良好农业规范等体系认证，还推行了 BRC 全球食品标准和 OHSAS18001 职业健康及安全管理体系，通过了美国 FDA 验厂和欧盟 FOV 检查团现场检查评估，符合美国和欧盟的食品卫生要求。

除了主要的米粉生产以外，公司为实现多元化发展，充分利用地区资源优势，建立了 4000 公顷优质脐橙基地，并已通过出口柑橘基地备案。同时，公司引进了韩国进口水果清洗、打蜡、电脑分级、贴标、包装生产线，新增脐橙收购、加工、销售，以及代理出口报检、报关等业务。

（三）公司荣誉

"五丰米粉"先后获得全国食品工业科技进步优秀项目奖、全国食品行业工业科技进步优秀新产品、第 16 届国际农产品交易会金奖、江西省名牌产品、江西省著名商标、江西省优秀新产品一等奖等 40 多项省部级荣誉。在党的十五大期间，"五丰米粉"还作为国内贸易部选定的唯一米粉类展品，参加了"辉煌的五年——十四大以来经济建设和精神文明建设成就展"。

江西五丰食品有限公司先后被评为全国食品工业科技进步优秀企业、全国外商投资双优企业、江西省质量效益型先进企业，江西省会昌县也因此被国务院命名为"中国米粉之乡"。由于公司在带领农民脱贫致富方面贡献突出，被评为江西省农业产业化经营优秀龙头企业，公司拥有 5 万亩基地，每年以高于市场价 5% 的价格收购基地粮食，基地中 21200 家农户每年平均增加收入 810 元，合计约 1700 多万元。

第三节　赣南苏区食品加工业发展面临的问题与对策

一、赣州市食品加工业发展存在的问题

（一）品牌模仿、盗用侵害品牌价值

由于已有品牌已经获得较高知名度，其品牌效应能够为产品带来很高的价值，在利益的驱使下，出现直接盗用品牌，产品以次充好的行为。最典型的例子就是"赣南脐橙"，每到脐橙丰收的季节，各个销售平台涌现一大批贴着

"赣南脐橙"的商标，但却卖着全国各地的脐橙商家，消费者高价购买收到货后才发现自己买到的并不是"赣南脐橙"，这样的交易结果导致消费者对"赣南脐橙"的品质提出质疑，对"赣南脐橙"品牌信任度降低。此外，侵害品牌价值的行为也表现在对已有品牌的模仿，以"齐云山"南酸枣糕为例，被一个名为"云石山"的杂牌模仿，不仅高度模仿"齐云山"老款专利包装，甚至直接盗用"齐云山"品牌进行销售，但其口感与"齐云山"南酸枣糕相差甚远。长此以往，这些仿冒品牌在市场上还是无法立足，但是对原有品牌的价值也会造成一定的影响，侵害其权利。类似的行为在市场上数不胜数，这些行为的存在破坏了市场规则，侵害了品牌价值。

（二）食品加工技术水平落后，缺乏科技创新人才

赣州市食品加工技术水平与其他相对先进省市差距较大，目前，虽然食品加工从业者众多，但是科技创新人才及其科技创新能力均处于匮乏状态，尤其是对高新技术的掌握不足，大多从业者只是对机械化的加工过程进行重复操作，食品加工企业对科技研发投入力度不足。在每万食品加工行业工作人员中，仅有 160 名大中专院校毕业生从事专业的科技研发和管理工作，且仅有不足 10 名科技人员。加工技术水平落后，成为制约赣州市发展食品加工业的重要因素。

（三）食品安全问题监管不足，产品质量参差不齐

食品安全问题层出不穷，原因之一在于食品安全标准执行监管力度不足，加上食品加工行业利润率低、资金周转期长、融资渠道狭窄，导致许多食品加工企业难以改善生产设备，并以此来提高生产力，只能"另辟蹊径"，即生产低成本低质量的产品以保证企业利润。大多食品加工企业依旧停留于"求生存"状态，缺乏打造具有竞争力品牌的资本，最终导致在食品加工产品市场上产品质量参差不齐，这进一步加剧了食品安全问题。

二、赣州市食品加工业发展对策分析

（一）加强行业监管，保护品牌价值

鼓励自建品牌，严厉打击仿盗品牌。对于模仿、盗用品牌的企业严厉打击，保护已有品牌的价值，尤其是保护"齐云山""赣南脐橙"等地理标志性品牌，打造行业模范，通过政策鼓励其他企业向行业标准看齐，整体提升赣州市食品加工企业的品牌形象，将品牌作为企业的核心竞争力。严格遵守《中华人民共

和国食品安全法》，加强对食品安全问题的监管，以"放心食品""绿色食品"为产品生产宗旨，提高产品的附加值，培育一批像江西齐云山食品有限公司这样的产业龙头企业，促进赣州市食品加工业转型升级。

（二）促进科技创新，激发行业活力

加大对食品科技研发的投入，吸引创新型人才。加大对食品加工技术研发的投入，提升科技创新能力，从中低端产品向高端产品转化，提升食品的经济效益。一方面，积极与高校对应专业人才并达成就业协议，搭建好吸引技术人才的平台；另一方面，可以将研发中心外移，将研发中心外移至相对发达地区，不仅可以帮助企业更快获取行业最新科技成果，吸纳科技人才，还可以帮助企业更准确地了解到市场动向。

（三）传承食品加工技术，保留传统工艺特色

赣州市有许多具有地域特色的传统食品，比如黄元米果、会昌米粉、赣南茶油、石城白莲及其加工食品等，可以利用好这一本土化的优势，提高食品的附加值，增加消费者对产品的忠诚度，树立独特的"赣南形象"，进一步加强赣南红色文化与本土食品的联系，丰富赣州市食品加工产品的内涵，推进食品产业与文化旅游产业融合发展，推出一批具有赣南特色的旅游休闲食品。重点发展以水稻为主的粮食传统食品加工产业、以赣南脐橙为主的传统优势食品加工产业。对其加工技术工艺、生产流程进行优化，提高生产效率，增加产品的多样性，体现地方特色，拓宽产品销路。

第七章
赣南苏区服装工业振兴发展

服装工业的生产技术在 20 世纪就发生了很大变化。今天，服装业的生产、设计和管理更趋于现代化。服装行业逐步适应国际消费趋势的主流，由生产低档次产品向高品质、高档次及高附加值的产品转变，逐步完善上下游产业链，向价值链高端迈进，实现产业链整合创新。服装工业呈现出高速度、高自动化、高产量、高质量及新技术不断涌现的局面。近年来，赣南苏区大力发展现代服装产业，为国民经济发展做出了重要贡献。

第一节　赣州市现代服装工业振兴发展现状

一、赣州市现代服装工业发展总体情况

纺织服装产业是赣州市重要的传统产业，也是赣州市对外贸易的重要产业之一。尤其是近年来，赣州市积极主动承接沿海纺织服装产业转移，于 2013 年 5 月获批成为国家级赣南承接产业转移示范区，于 2016 年 3 月成功获批成为国家级加工贸易承接转移示范地。同时赣州市也是省级服装服饰产业基地和省级加工贸易梯度转移重点承接地，先后引进了不少知名服装服饰品牌，引领纺织服装产业向集群化、规模化、品牌化发展。

为了使传统产业焕发新活力，赣州市扎实推进全市纺织服装产业转型升级和跨越发展，坚持智能发展，引导制造业企业进行智能升级，激活发展新动能，提高生产效率，增强产业实力，促进工业经济转型升级。全力打造特色鲜明、配套完善、成长性好、带动力强的千亿元纺织产业集群，推动形成以于都县为中心，于都县、宁都县、石城县、瑞金市四地协同、错位发展、各具特色的纺

织服装产业带。把于都县打造成国内知名的纺织服装智能制造基地，把石城县建设成为鞋服产业加工制造基地，把宁都县建设成为轻纺服装箱包加工制造基地，把瑞金市建设成为纺织加工制造基地。坚持政府引导、协会推动、市场运作的原则，按照"引企入园、区域集聚、节约集约"的路径，科学编制国土空间规划、产业规划、环境保护规划，引导企业节约集约用地，推进企业规划整合，实现转型增效。赣州市现有规模以上纺织服装（含制鞋、箱包）企业 221 家，2018 年实现主营业务收入 250 亿元，利润 11 亿元，同比增长 17.9%。赣州市纺织服装产品累计进出口 34.22 亿元，同比增长 7.3%，其中出口 31.97 亿元，同比增长 7.1%，进口 2.25 亿元，同比增长 9.7%。

在促进产业集聚的同时，赣州市还着力推动服装产业从初级加工"制造"逐步转变为"智能制造"，加大对纺织服装业、高端制造企业及上下游配套服务企业的引进，并鼓励企业进行技术升级、改造和研发。在赣州市，"智造"项目接踵而来，产业集群加速崛起，让人感受到今日赣州市"智造"带来的强劲"脉动"。

踏上赣州市于都县、瑞金市、石城县等地工业园区，到处是一派火热的施工、生产场景。近年来，赣州市纺织服装产业创新理念，在项目平台建设、招大引强、优化环境中挺起了工业发展的脊梁。如今，于都县工业园区被列为"全国纺织产业转移示范园区"，罗坳工业小区被评为江西省绿色循环经济产业园区。2018 年 7 月，中国纺织服装产业园区联盟成立，于都县工业园区成为该联盟的核心园区。

"筑起凤凰台，诚引凤凰来"。正是借助强大产业平台等优势，赣州市成功引进了诸如汇美集团智能制造、日播时尚集团智能智造等一批大项目，以及海澜集团等一批品牌企业、行业龙头，引进自主品牌 300 余个。现如今，赣州市纺织服装产业跻身于省重点工业产业集群，牛仔水洗、检验检测、仓储物流等纺织服装相关配套产业也陆续进驻，一批特色产业集聚效应不断凸显。

二、两个重要服装工业强县

（一）石城县服装工业发展

石城县大力实施"主攻工业、三年翻番"发展战略，努力发展新经济培育新动能，围绕做大做强鞋服首位产业，推动现代鞋服产业增量提质。"种下梧桐树，引来金凤凰"。石城县积极利用创业扶持政策，引入在全国有 6 个省级分部、入驻平台企业 11.4 万家的"中国鞋材网"总部落户石城县，为石城县鞋服工业发展助力。认定为市级中小企业公共服务平台的江西省大鞋代网络科技有限公司和认定为省级小型微型企业创新创业示范基地的江西颐高电商产业园，为石城县鞋服企业孵化壮大、鞋服企业电商转型提供了强有力的支撑。出台现代鞋服产业特惠政策"20条"、助力首位产业集群加快形成、规模最大的外商独资企业新加坡鸿豪国际投资有限公司在2018年与石城县举行了鸿豪产业园联盟项目签约。

围绕打造集加工制造、商贸物流、教育培训、会展旅游、研发创意、质量检测为一体的"赣闽粤长鞋服产业基地"。石城县建设专业交易市场、现代物流平台，规划建设原料市场、辅助材料市场和鞋类产品展销交易中心，截至2019年5月，石城县工商注册的鞋服生产企业120多家，另外还有登记在册的鞋面加工厂113户，从事鞋服加工业人员约1.8万人。

（二）于都县服装工业发展

近年来，于都县大力发展纺织服装首位产业，于都已经成为全国纺织服装企业投资的热土，到2020年，于都的纺织服装产业年产值要实现1000亿元，于都也将成为"中国纺织服装时尚名城"。于都县坚持把招大引强作为推动创新发展的关键，组建了由县领导带队、部门参与的招商小分队，瞄准全国百强服装企业需求开展"点对点"对接，实现精准招商。与此同时，强大的政策吸引、宽松的金融环境、全面的配套扶持、完善的"店小二"机制，让每一个项目落地前服务有专人跟进、落地各项审批报建后有专人代办、遇到困难和问题有专人督促解决的一站式服务。2016～2018年，于都县共签约纺织服装产业项目129个，签约金额179.16亿元，引进自主品牌219个，其他完成指标如表7-1所示。

表7-1　2016～2018年于都县服装工业发展增长速度

完成指标	平均增长量	三年增长率（%）
规模以上工业企业主营业务收入（亿元）	190.0	29.74
工业固定资产投资（亿元）	51.5	32.28
高新技术企业数（家）	12	128.95
首位产业规模以上企业数（家）	55	26.8

当前，深圳市赢家服饰有限公司、上海市日播时尚集团股份有限公司、广州市汇美时尚集团股份有限公司、广州布言布语服饰有限公司等一大批大项目、大企业、大品牌纷至沓来，引进了娜尔思、奈蔻、宝姿、海澜之家、日播等118个知名品牌。仅2017年，全县就引进纺织服装类企业62户，引进国内外自主品牌89个，原始设计制造商（Original Design Manufacturer，ODM）品牌76个，是过去5年招商项目的总和，呈现出特有的"于都现象"。自2017年以来，

签约服装项目 94 个，签约金额 102.79 亿元，投资 20 亿元的汇美集团智能制造产业园、投资 15 亿元的日播时尚集团智能智造研发产业园，宝姿集团、海澜集团、深圳歌力思服饰股份有限公司等一批优质知名企业相继入驻于都县。截至 2018 年，全县各类纺织服装企业超过 2000 余家，从业人员 30 余万人，规模以上企业 55 家，全行业产值达 282.3 亿元，2018 年全年产值突破 400 亿元。

在大项目的有力推动下，于都县纺织服装产业不断集聚集群，于 2017 年被评为"江西省重点工业产业集群"，2018 年被授予"全国纺织产业转移示范园区"等荣誉称号。

于都县规划到 2020 年将于都该纺织服装产业打造成总规划用地面积 5000 亩，年产值超 1000 亿元的"千亿级"产业集群，建成后可落户企业 500 户，可解决就业人口 10 万人。于都县还专门出台了《于都县扶持纺织服装产业集群发展若干政策（2017—2020 年）》《关于全力推进人力资源向于都工业园区集聚的实施意见》等服装产业扶持政策，从企业入驻、技改创新、人力资源、金融支持、公共平台、转型升级、品牌建设等方面给予扶持。同时，于都县还对新签约的大项目、总部经济项目、行业龙头企业项目、IPO 项目等实行"一事一议""一企一策"，促进纺织服装产业跨越发展。此外，于都县还设立了"企业服务中心"，大力推行"一个窗口受理、一站式办理、一对一服务"，让企业办事"最多跑一次"、问题诉求"一次办结"。

于都县全力搭建"智造基地、设计中心、展销中心、检测中心、物流中心、面辅料市场、服装学校、总部大楼、双创公寓、水洗产业园"十大平台，推进园区产城融合。同时，还强化产业发展要素保障，目前已建成标准厂房面积 102 万平方米，服装学校已投入使用，在校就读学生 800 人。于都县专门组建了 39 支招商小分队，瞄准全国百强服装企业，采取以商招商、以诚招商、乡贤招商、平台招商、中介招商、委托招商等方式精准招商。

第二节　赣州市服装工业及相关龙头企业介绍

一、江西新百伦领跑体育用品有限公司

（一）公司基本情况

江西新百伦领跑体育用品有限公司于 2015 年 8 月 21 日在石城县市场和质

量监督管理局登记成立。新百伦领跑为江西新百伦领跑体育用品有限公司的主导品牌，这是一家集研发、生产、零售为一体的并从事时尚、休闲运动鞋服开发、生产与销售的大型公司。该公司总占地面积228亩，总建筑面积达18万平方米。江西新百伦领跑体育用品有限公司将成为在同行业首家导入个性化定制、智慧工业园、机器人智能生产的企业，即顾客智能门店下单、大数据中心、研发中心、鞋款生产机器人、智造快速物流供应。该公司前身为蓝鱼鞋业，成立于2006年，2014年新百伦领跑进军国内市场。

江西新百伦领跑体育用品有限公司（见图7-1）鞋服生产项目是石城县大力实施赣商回归工程引进的重大项目，这是一家专门从事鞋类研发、生产、批发零售的国内知名企业。通过石城县的特惠政策，首位产业首位聚焦、首位扶持的带动，江西新百伦领跑体育用品有限公司正逐步成为石城县现代鞋服龙头企业，目前该公司在全国拥有6000多家专卖连锁店，并建设大数据中心适时监控分析和指导生产营运，销售成品鞋1500万双以上，2017年终端销售额达到40余亿元。

图7-1 江西新百伦领跑体育用品有限公司

（二）公司产品及品牌

该公司品牌从单一的品牌新百伦领跑发展到目前的五个主要品牌，蓝鱼、新百伦领跑、新百伦、斯哌纹奇，以及收购的国际品牌爱威亚。产品主要包括成人运动鞋、跑鞋，儿童运动鞋等，其产品如图7-2所示。

097

图 7-2 江西新百伦领跑体育用品有限公司主要产品

（三）公司荣誉

2015 年新百伦领跑荣获"中国最快成长品牌""中国著名品牌""全国正品行货信誉品牌""全国放心购物用户首选品牌"等荣誉。2016 年 4 与广东卫视签约，跨入品牌推广营销时代，2016 年 8 月签约获得"新百伦"中国大陆独家经营权，2016 年 9 月在广州白云国际会议中心举办千人 2017 春夏新品发布会。2017 年获得北京 WBO 洲际拳王争霸总冠名，获得中国蓝 TV《奔跑吧》《梦想的声音》专区总冠名，新百伦领跑 KIDS 亮相厦门国际少儿时装周。2018 年 12 月 12 日，新百伦领跑获得"2018 年度鞋业零售创新品牌奖"。

二、鸿豪产业园

（一）产业园基本情况

2018 年 9 月 10 日，石城县与新加坡鸿豪国际投资有限公司举行鸿豪产业园联盟项目签约仪式。鸿豪产业园（见图 7-3）位于石城县古樟工业园，占地 162 亩，围绕石城县鞋服首位产业发展战略，以打造产供销一体化的供应链产业园区为目标，同时构建品牌化、柔性智能制造供应链。产业园围绕标准化、品牌化、智能化的智能供应链系列项目招商，注重园区生活环境打造，配套检测实验室，重点承接鞋服产业转移，广泛吸纳贫困人口就业，力争建成产业链条完整、综合功能齐全、生态环境优美、运管服务一流的创新型鞋服产业集聚区。

图 7-3　鸿豪产业园

（二）产业链打造

鸿豪产业园联盟项目总投资 2 亿元，项目分三期建设完成。第一期总投资约 3000 万元，主要引进国内外知名品牌服饰生产企业；第二期总投资约 1.2 亿元，形成招商入驻品牌服饰及原材料配套、辅料以及机台配件的产业链；第三期总投资约 5000 万元，主要引进跨境电商平台及创业孵化公司、外贸公司、品牌折扣店，进一步完善提升园区公共服务功能，初步形成产供销一体化产业链园区。鸿豪产业园计划在 2019 年基本完成园区招商，引进鞋服及配件企业 20 家左右，吸纳就业 2000 人左右，形成标准化、品牌化、智能化的联盟供应链科技产业园。

（三）生产技术

鸿豪产业园将联合东莞工业机器人团队，使用目前先进的室内惯性导航技术，使不同的制鞋物料可以由运输机器人定时定点运送到各个环节，节省人力、提高效率。此外，园区还将在石城县建立全球脚型大数据中心，联合浙江大学以及目前足部医疗及康复鞋类专业的足立方团队，针对目前鞋类市场个性化和穿着健康的需求，跨行业将医疗检测等通过互联网数据分析分解，与园区的生产企业实现无缝对接，工厂设备如图 7-4 所示。

图7-4　园区工厂设备

三、江西北陆服饰股份有限公司

（一）公司基本情况

江西北陆服饰股份有限公司（见图7-5）主营业务为自主品牌休旅户外服装的设计、生产和销售；团体定制服装的设计、生产和销售及品牌服装的代工（OEM）生产、销售和出口业务。江西北陆服饰股份有限公司成立于2013年，注册资本1000万元，是一家主打户外休闲服饰，集设计、生产、销售、批发、直营店连锁以及网络营销为一体的现代化服饰公司。

图7-5　江西北陆服饰股份有限公司

（二）公司产品

公司主营产品有户外休闲系列、冲锋衣、冲锋裤、皮肤衣、速干衣、速干裤、登山服及夹克、棉衣、羽绒服系列等。公司自主品牌"北陆 Hokuriku"休旅户外服装主要包括冲锋衣裤、抓绒衣裤、羽绒服、T恤、皮肤衣、速干衣等。该公司自成立以来，主营业务明确，未发生变化。公司始终致力于发展、推广休旅户外服装理念，并开拓休旅户外服装团体定制服务，不断强化"北陆 Hokuriku"品牌建设。公司倡导休闲、舒适、美观与功能的结合，通过设计并销售高品质休旅户外服装，既满足人们日常休闲、生活穿着，也适合于中短距离户外运动。该公司拥有先进的生产流水线和完善、科学的生产质量管理体系，并且通过了国际商业社会标准认证（BSCI）。同时，与 Oakley、Billabong、骆驼、凯乐石、七匹狼等众多国内外知名品牌建立了长期稳定的合作关系，其主要产品如图7-6所示。

（a）男士冲锋衣

（b）速干长裤

（c）速干七分裤

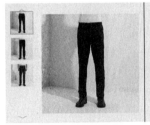

（d）休闲T恤

图7-6　江西北陆服饰股份有限公司主要产品介绍

（三）公司荣誉

2015年5月，公司产品被中国国际露营大会组委会指定为"中国国际露营大会官方指定户外装备"；2016年5月，公司被评为"于都县服装服饰行业协会副会长单位"；2016 年 12 月，第 9050841 号北陆商标被江西省工商行政管理局认定为"江西省著名商标"。2018 年 7 月，位于上欧工业小区的江西北陆服饰股份有限公司在全国中小企业股份转让系统成功挂牌，成为于都县首家挂牌上市的纺织服装企业。

第三节　赣南苏区现代服装工业发展面临的问题与对策

一、赣州市现代服装工业发展存在的问题

（一）生产管理粗放，技术水平较低

服装企业对生产过程的管控还停留在对任务单与生产计划制定的粗放式管理阶段，没有充分做到对每道工段、工序的细致化管理，使企业高层无法明确地掌握生产现场的具体生产状况。生产所用的数据复杂而繁多，企业传统的卡片式管理已不能适应高效率的生产资源消耗、需求、储备的动态变化需求。企业不能及时灵活地进行各种生产计划的应变，不能合理制定与企业生产模式相匹配的生产控制，生产管理能力低下，企业的生产效率也得不到提高。

（二）创新能力不足，获利能力下降

由于服装行业的人力、原材料、税收等成本呈上升趋势，大多企业缺乏创新能力，服装的设计、品牌容易趋向大众化，难以满足消费者的需求，消费者选择倾向不明确，销售量难以有明显的提升，自身获利水平下降，竞争力水平得不到提高。无法做到以销定产，以市场为导向，这样将造成消费者消费量下降，网点形成大量库存产品的局面。

（三）价值链上下两端未能实现共赢

服装企业在发展过程中，品牌商自身盈利水平得到充分保障，但市场的销售终端经销商因房租、店员工资、产品库存等因素影响，以及供应商、生产工厂的生产成本上升等因素影响，在总体供给数量没有增加的情况下，总获利水平不断下滑，甚至出现亏损经营，因此服装企业的价值链上下端未能实现共赢，

严重影响服装企业的持续获利能力。

二、赣州市现代服装工业发展思路与对策

(一) 打造产业集群，发展上下游产业链

完善产业集群发展规划，调整产业链布局，确定合理的产业集群分布格局。提高产业的聚集水平，完善原辅料供应、产品设计研发、人才培训、电商销售渠道引进、商务物流等配套产业体系，增强产业特色和核心竞争力。加强上下游企业深度对接，联动上下游企业组建较为完整的产业链，加快"走出去"步伐，鼓励对外贸易。改善外贸环境、强化政策保障、增强外贸企业竞争力、加强组织领导、有效防范投资风险。

(二) 加大财政支持，扩大品牌影响力

加大财政投入，扶持纺织服装产业发展。各县（市）要创新财政资金使用方式，配套设立产业扶持基金。同时，通过鼓励对外贸易、支持发展电商、支持重点项目、支持挂牌上市等扶持政策鼓励在外从事纺织服装行业的优秀人才返乡创业。扩大赣州市纺织服装产业知名度和影响力，支持建设"全国知名品牌创建示范区""'三品'战略示范城市"，支持优势企业打造成省级消费品工业"三品"战略示范企业，对新并购（或独家代理加工）国内外知名品牌服装的生产企业给予资金和荣誉奖励。

(三) 智能制造转型，培养产业人才

对纺织服装类企业建设智能工厂、数字车间、"机器换人"自动化改造、企业上云等方面予以资金扶持。培养产业人才，建设纺织服装学校。对成功创办的服装学校，市县财政、教育等部门在分配教育、就业、培训等专项资金时优先给予倾斜支持。鼓励职业技术学校（院）开展纺织服装生产、流通和经营方面的职业培训，开展校企联合办班和定向培养，符合条件的学员将享受就业、再就业培训、住房保障等相关优惠政策和资金补贴，引导纺织服装产业技术工人回归就业和技能提升。引进行业专家、学者成立纺织服装产业专家库，为纺织服装产业集群创新发展提供决策咨询服务。

第八章
赣南苏区新能源汽车产业发展

　　新能源汽车产业是从事新能源汽车生产与应用的行业。新能源汽车是指除汽油、柴油发动机之外所有其他能源汽车，被认为能减少空气污染和缓解能源短缺。新能源汽车产业作为战略性新兴产业，是江西省先进装备制造业培育发展的重点产业之一，具有产业链长、经济带动作用明显的特点，能带动动力电池、电机、电控系统以及汽车智能化、充电服务智能化、电网智能化等领域的发展。

第一节　新能源汽车产业特征及重要意义

一、新能源汽车产业特征

　　新能源汽车产业具有以下特征，具体包括：

　　（1）战略性。我国将新能源汽车列入战略性新兴产业。节能环保和安全是100多年来汽车工业发展的永恒主题，也是在不同发展时期下汽车工业面临的最严峻挑战。在全球石油资源分配格局早已稳固的情况下，我国作为后起国家，在自身石油生产无法满足国内需求的情况下，通过石油贸易的方式获取石油资源的压力将越来越大。在汽车总保有量持续增长的背景下，大力发展节能与新能源汽车，在降低单车油耗的同时，加大各项能源对石油的替代力度，减缓石油消耗的增长势头，把石油对外依存度控制在一定范围内，这既是我国能源安全战略的重要举措，也是我国车用能源战略的必然选择。

　　（2）先进性。从一定意义上来讲，新能源汽车是传统汽车的升级换代，它在很多方面都有待创新，不只是现有汽车的简单升级。对这种先进性和替代效应，甚至是颠覆性要有正确认识。因为新能源汽车发展不是简单地替代过去，而是技术创新和跨越，所以必须保证先进性。

（3）系统性。不仅新能源汽车整体产业要发展，还要带动相关产品和产业形成新的产业链。经过多年发展，新能源汽车逐步形成了专业化程度高、分工明确、各司其职的产业链体系，主要分为上、中、下游和终端。上游包括钴、锰、镍矿、锂矿以及石墨矿，其中钴、锰、镍矿一般作为正极材料的上游，锂矿应用最为广泛，石墨矿一般只作为负极材料。中游产业链包括由正极、负极、电解液、隔膜、极耳等加工形成电芯。下游产品则是由电池模组、线束、连接器以及电池管理系统（BMS）整体组成的动力电池系统。动力电池与电机、电控系统共同构成新能源汽车的动力系统。

（4）市场性。在新能源汽车发展的初始阶段，需要政策推动，但是最终还要接受市场的检验和用户的选择。从这个意义上来讲，新能源汽车也必须遵循国家的技术创新基本方针或者基本框架，要坚持这种市场性。政策会推动、引导、指导新能源汽车，但是最终产业必须实现市场化和国际化。

（5）多元性。在未来相当长的一段时间内，新能源汽车的发展仍将呈现多元化格局发展。对于替代燃料汽车，无论是混合动力汽车、纯电池驱动汽车，还是燃料电池汽车，每一个企业都可以根据自己在市场中的定位，结合自己的能力，在不同的发展阶段推出不同的产品，因为这是一个多样性、多元技术并存的市场。此外，从电池技术来看，既有锂离子电池，也有其他技术路线的电池。因此，不同的企业根据具体服务对象，在不同的发展阶段，采取适宜的技术路线，这将会成为一种常态。

二、新能源汽车市场空间和产业带动效应巨大

面对越来越严重的能源紧张和环境污染问题，新能源汽车代替传统汽车已经成为许多国家重要的应对举措。许多发达国家已经制定了停止生产传统汽车的时间表，例如，英国和法国将在 2040 年全面禁售燃油车；德国将在 2030 年后禁售传统内燃机汽车；荷兰和挪威将在 2025 年禁售燃油车。同时，我国也已经开始研究制定禁售燃油汽车的时间表，预计到 2035 年左右，我国将全面禁售燃油车。新能源汽车全面代替传统汽车，成为引爆新一轮经济的"增长点"。

更值得一提的是，新能源汽车产业具有附加值高、带动效应强等特点。一方面，新能源汽车属于高新技术产业，拥有较高的技术壁垒，例如锂电池属于高附加值的环节，占到新能源汽车总成本的 40%左右；另一方面，新能源汽车产业链非常长，包括上游原材料、中游零部件和下游整车及服务等环节。

三、新能源汽车产业将是赣南苏区实现"进位赶超"不容错失的重大发展机遇

从全球范围来看，新能源汽车总体还处于发展起步阶段，我国比亚迪、北方汽车与美国特斯拉位列前三甲，赣州市在新能源汽车"起跑"中处于相对优势的地位。

江西省共有101款车型进入国家节能与新能源汽车推广应用示范工程推荐目录，同时形成了以南昌市为核心，九江市、赣州市、上饶市、萍乡市四大片区为重点的五大新能源汽车产业基地。在核心零部件生产领域，其中孚能科技（赣州）有限公司进入全国电动汽车核心零部件百强榜，孚能科技（赣州）有限公司居全国电芯组第2位，是独角兽企业。总体来讲，新能源汽车产业的发展，为实现赣南苏区"进位赶超"提供了重大机遇。

2012年，《国务院关于支持赣南等原中央苏区振兴发展的若干意见》出台，赣州市新能源汽车产业发展步入快车道。2015年9月，赣州市委、市政府做出了"主攻工业、三年翻番"的决策部署，进一步明确提出要把赣州市新能源汽车产业打造成千亿产业集群。2016年，赣州市与中国汽车技术研究中心等国内知名机构高标准编制产业发展规划，先后编制了《赣州市新能源汽车产业发展规划（2016—2020年）》《赣州新能源汽车科技城产业发展规划（2016—2025年）》《赣州市电动汽车充电基础设施专项规划》等，大力推进新能源汽车产业发展。赣州市委、市政府规划建设了总面积达35.2平方千米的新能源汽车科技城，作为赣州市发展新能源汽车的主阵地。

第二节　赣州市发展新能源汽车面临的问题

一、赣州市新能源汽车发展驶入"快车道"

赣州市汽车工业起步于20世纪60年代。2011年，赣州市委、市政府将新能源汽车产业列入赣州市全力打造的千亿产业集群。赣州市依托丰富的资源优势、政策优势，其整车企业形成了全产业、多方位的发展势头，已经具有新能源乘用车、新能源商用车、新能源专用车的研发生产能力，可带动新能源汽车

产业全速发展。2017年5月，国机智骏汽车有限公司新能源汽车基地落户赣州市并开始建设，成为其把握新能源汽车发展战略、主动寻求转型升级的有益探索。截至2018年6月，赣州市共有各类汽车及相关零部件企业60家，主导产品包括轻卡、专用车、变速器、齿轮和锂离子动力电池等，已具备年产各种改装汽车（含场地车）20000台、汽车变速器100万台（套）、同步器200万台（套）、锂离子动力电池产能50亿瓦时、电机及驱动控制系统1万套的生产能力。

2017年赣州市新能源汽车及配套产业规模以上企业主营业务收入突破200亿元。到2020年，赣州市力争达到年产30万辆新能源汽车的生产目标，主营业务收入突破250亿元。着力建设特色突出、实力较强的新能源汽车研发中心和检测中心，建成国内知名的新能源汽车整车及关键零部件产业集群，有力支撑赣州市工业经济转型升级。

二、赣州市新能源汽车产业发展面临一系列难题

（一）财政补贴退出带来巨大风险

新能源汽车补贴从2017年开始大幅下降，其中纯电动乘用车和客车国家补贴分别降低20%和40%以上，地方补贴上限由中央补贴的100%下降到50%。2018年财政补贴在2017年的基础上整体再次"退坡"，尤其是此前补贴额度较高的客车和专用车领域，补贴下降了40%。预计2020年之后新能源汽车的直接补贴将全部退出。财政补贴取消后，一方面行业洗牌和竞争将进一步加剧，一些生产技术落后的新能源企业势必将被淘汰或被兼并；另一方面将倒逼企业提升自身硬实力，不断创新突破。

（二）新能源汽车龙头企业带动不足

与发达地区比较而言，赣州市新能源汽车缺少龙头企业的带动作用。在2017年发布的"中国500强排行榜"中，江西省只占11家，其中新能源汽车领域只有江铃汽车集团公司，赣州市没有一家。由于缺少大型龙头企业，在一定程度上导致各区域之间新能源汽车产业整合力度有限，整车和关键零部件生产企业分布较为分散，各地联系并不紧密，发展大多自成体系。

（三）新能源汽车研发投入不足

赣州市大部分新能源整车企业研发投入不足。江西江铃集团新能源汽车有限公司作为江西省新能源汽车研发投入最多的企业，2017年其研发投入约4.6亿元，

而比亚迪和北京新能源汽车股份有限公司 2017 年研发投入高达 62.66 亿元和 13 亿元，分别是江西江铃集团新能源汽车有限公司研发投入的 13.6 倍和 2.8 倍。

（四）专业技术人才缺口大

目前，我国节能与新能源汽车人才总量在 18 万人。预计到 2020 年，节能与新能源汽车人才总量将达 85 万人，缺口 67 万人。按赣州市新能源汽车实际产能测算，目前赣州市节能与新能源汽车人才总量在 5000 人左右，要达到 2020 年规划的 30 万辆产能，人才缺口至少 2 万人。由此可见，赣州市发展新能源汽车产业将面临非常严重的专业技术人才紧缺问题。

（五）核心技术缺失

赣州市在新能源汽车制造中其关键零部件技术水平和创新能力仍然处在较低水平上，在电池、电机和电控等很多关键性零部件领域上自配率都还较低，如电机驱动技术、发动机及变速器控制技术还没有突破，锂电池、电机等零部件的可靠性和耐久性不高，亟待快速提升，且动力电池的核心部件正极和电池隔膜基本还依赖国外进口。

（六）充电桩等基础设施滞后

当前，江西省新能源汽车配套基础设施（如充电桩）严重滞后。南昌市建成充电站 6 座和充电桩 2345 个、赣州市建成充电站 4 座和充电桩 470 个、宜春市建成充电站 6 座和充电桩 197 个、抚州市建成充电站 2 座和充电桩 272 个、上饶市建成充电站 2 座和充电桩 204 个以及九江市建成充电桩 639 个，而其余市共建成充电桩仅为 200 个。赣州市新能源车桩比例大致在 11∶1，还远没有达到国际上通常所要求的车桩比例 1∶1 或更高的配置标准，充电桩的数量已经远远不能满足当前市场的需求。

第三节 赣州市新能源汽车产业发展路径

一、织牢一张"网"：强化政策保障

赣州市成为工业和信息化部 2017 年首批同意创建"中国制造 2025"试点

示范的城市。此前国务院出台了《国务院关于支持赣南等原中央苏区振兴发展的若干意见》，其中第十九条明确提出要积极培育新能源汽车及其关键零部件，支持国内整车企业在赣州等市设立分厂，提升制造业发展水平。赣州市已成为国家发展新能源汽车的重点区域。赣州市明确将新能源汽车作为首位产业并要打造成为千亿产业集群。

在赣州市政府的大力支持下，赣州市新能源汽车相关企业在生产资质、公告产品、技术研发、产品采购、整车改造项目、设备投资以及金融等方面已建立起完善的配套支持政策。为营造良好的营商环境，在赣州市工业和信息化委员会颁布的《赣州市扶持新能源汽车及配套产业发展的若干政策》中，对设备投资额达到亿元以上新能源汽车整车生产项目及关键零部件生产项目的详细配套支持措施，以及相应的市场推广与配套设施建设支持政策给予了明确规定。具体内容包括：成功取得乘用车整车生产资质并实质性投产的（实质性投产的标准为达到设计产能的30%），分阶段给予5000万元奖励（取得该生产资质后先给予3000万元奖励，达到实质性投产标准再给予2000万元奖励）；国内乘用车整车企业在赣州设立分厂，通过国家委托机构审查及国家相关部门批准、公告，并实质性投产的，一次性给予2000万元奖励。凡市内汽车生产企业（含改装车、整车企业），每开发一款新能源客车、货车、乘用车、专用车，在2016年1月1日之后成功取得国家客车、货车、乘用车、专用车产品《车辆生产企业及产品公告》，且纳入国家《新能源汽车推广应用推荐目录》，并完成30辆以上的销售后，给予专用车5万元/款，货车、客车、乘用车10万元/款奖励。在技术研发方面，围绕新能源汽车动力电池等关键零部件产业，对企业承担的制约产业发展的重大关键技术和共性技术研发项目，经评审并报市政府批准后，给予项目经费支持。

赣州市陆续出台《赣州市新能源汽车推广应用实施方案》《赣州市关于加快电动汽车充电基础设施建设的实施方案》《赣州市新能源汽车及配套产业布局指导意见》等一系列政策措施推动新能源汽车推广应用和产业发展，明确在财政、金融、市场推广和配套设施方面的具体举措，推进新能源汽车及配套产业发展。

二、布好一盘"棋"：细分产业布局

2017年，赣州市出台《赣州市新能源汽车及配套产业布局指导意见》，要求各县（市、区）按照细分产业布局做好新能源汽车及配套产业的招商引资和企业培育工作。要遵循以下三个原则：第一，立足当前，放眼长远。以赣州经济技术开发区、南康区及其他相关县（市、区）已有的汽车整车及配套产业为基础，集中有限资源，做优做强现有细分产业集群。瞄准产业技术发展变革的新趋势、新动向，加强自主创新，不断转型升级。第二，统筹布局，差异定位。强化"全市一盘棋"理念，严格控制新能源汽车整车及分散、低水平的专用车、改装车项目布局，充分发挥各地发展新能源汽车及配套产业的积极性、创造性，同时做到各有特色、差异定位，优化资源配置，避免"一哄而上"。第三，科学规划，注重质量。突出"一城一区"的承接作用，即新能源汽车科技城作为大型整车项目承接主平台，南康区重点承接新能源汽车关键零部件项目。充分考虑交通、物流、环保、资源基础等因素，在合理配套半径范围内，科学布局汽车零部件产业。不鼓励、不支持发展低层次的"老年代步车"、低速电动车产业。同时对各县（市、区）进行了细分，具体内容如下：

（1）赣州经济技术开发区。新能源汽车（含燃料汽车）整车、智能网联汽车研发设计、制造、检测；新能源特种车、专用车、改装车；动力电池、驱动电机、电子控制等核心"三电"产品；车用电线束、汽车音响、汽车空调器等汽车电子零部件；新能源汽车充电桩。适当布局其他需就近配套的汽车零部件企业。

（2）南康区。新能源专用车、改装车及零配件；氢燃料动力电池及零部件；汽车模具、冲压件等；触摸屏等汽车电子零部件；汽车轻量化材料；新能源汽车充电桩及应用；汽车内外饰件、汽车座椅等。

（3）章贡区。汽车变速箱总成、同步器；驱动电机、电子控制等核心"三电"产品；汽车铸造件、锻造件等；汽车轻量化材料；动力电池回收利用。

（4）赣县区。动力电池正极材料及前驱体，碳酸锂等配套基础锂盐材料；稀土永磁驱动电机、伺服电机；汽车轻量化材料；车用扬声器等汽车电子零部件。

（5）龙南县、定南县、全南县。变速箱壳体，制动器总成及零部件，车桥总成及零部件；汽车电子元配件；汽车模具。

（6）大余县、崇义县、会昌县。动力电池正极材料及前驱体，碳酸锂等配套基础锂盐材料，动力电池负极材料，动力电池电解液（质）；动力电池隔膜、盖帽等零配件；摩擦材料。

（7）于都县、上犹县、兴国县。新能源汽车驱动电机；新能源汽车变速箱总成、拨叉、差速器等零部件，制动泵等制动系统关键部件；汽车轻量化材料；车载蓄电池；精密及有色铸造件、锻造件；汽车轮毂；汽车齿轮。

目前，赣州经济技术开发区的汽车整车、动力电池，章贡区的汽车动力系统总成及零部件，南康区的新能源专用车，赣县区、大余县、会昌县的动力电池配套材料产业已初具规模（见图 8-1）。赣州市新能源汽车产业发展协同联动、上下串联之势已经形成。

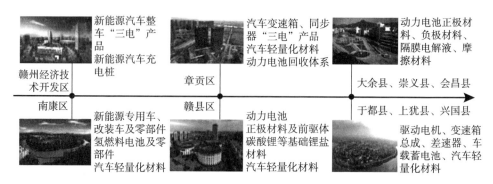

图 8-1　各地区引进大型新能源汽车产业及配套项目布局

三、建好一座"城"：打造新能源汽车科技城

为支持发展新能源汽车产业，赣州市已编制出台了《赣州新能源汽车科技城产业发展规划（2016—2025 年）》，致力于打造 35.2 平方千米的新能源汽车科技城，也是目前我国南方规划最大的新能源汽车产业基地。新能源汽车科技城自 2016 年 4 月开始打造，历经一年半的时间，框架已全面铺开。新能源汽车科技城作为赣州市发展新能源汽车的主阵地。赣州市将通过研发自有技术、拥有自有资质、建立自有品牌，打造从稀土材料、锂电池材料、动力电池的汽车零部件到整车的完整产业链，着力打造全国重要的新能源汽车研发基地和制造基地。

赣州市新能源汽车科技城作为全市"主攻工业"承接新能源汽车整车及关键零部件项目的主平台，围绕新能源汽车整车研发、制造，形成新能源汽车动力电池、电机、电控等关键零部件以及其他配套协同发展的产业格局。赣州市委、市政府计划用 10 年左右的时间，把新能源汽车科技城逐步打造成为南方重要的新能源汽车及关键零部件生产基地、国家级"新能源汽车传动中心"及"储能基地"、我国重要的动力电池回收利用产业基地。赣州经济技术开发区在建设赣州市新能源汽车科技城中，注重顶层设计，高标准编制了《赣州新能源汽车科技城产业发展规划（2016—2025 年）》，对现有空间进行了科学合理布局，使产业与城市功能融合，以产促城、以城兴产，着力打造集工业、商业、生活、教育、科研和服务为一体的产城融合示范区。新能源汽车科技城规划了

5.92 平方千米的职教园区，为新能源汽车科技城的发展提供了技术和人才支撑。新能源汽车科技城规划了 485 亩的章良城市组团项目，将打造集生活服务、创新服务、商业服务于一体的综合服务生态示范区。新能源汽车科技城规划了洋田城市组团项目，打造产业园中的生活交流中心、生态体验中心、文化精神中心，其将成为一个集理性、自然、人文关怀于一体的复合型生活社区。同时，相关部门正加快建设唐龙大道、城西大道、机场快速路、唐凤大道、唐龙大桥等 9 条道路和桥梁，污水处理厂、标准厂房、学校、医院、水电气、通信等配套设施建设正加速推进。根据产业发展规划，将实现新能源汽车整车生产企业超过 3 家，新能源汽车产业链核心企业超过 100 家，全产业链实现产值 1000 亿元，整车年生产能力逾 50 万辆。同时，新能源汽车科技城内还规划容纳 10 所以上本科大专、职业院校和科研机构，在校师生将达 10 万人。预计到 2025 年形成年产 80 万辆以上整车的产能、3500 亿元的产值以及 200 亿元的税收，力争打造成为全国著名的新能源汽车研发基地和制造基地。

目前，已有江西理工大学新校区、赣南职业技术学院、赣州昶洧新能源汽车有限公司、凯马汽车赣州分公司、国机智骏新能源汽车、中航新能源汽车等项目落地赣州新能源汽车科技城，机场快速路、城西大道、唐龙大道、唐凤大道等城市路网已布局新能源汽车科技城。江西理工大学新校区、赣南职业技术学院项目范围内已供地，中航新能源汽车、凯马汽车赣州分公司项目范围内征地拆迁即将结束。随着这些项目的落地，以及各项规划的全面落实，赣州市新能源汽车科技城将建设成为"产城融合"及"产学研"一体化的示范区。

四、招大引强：引进优质企业，做优做强

赣州市围绕新能源汽车产业招大引强，围绕产业链招商，集聚发展新动能，坚持"全链式"发展理念。一方面，加快整车项目引进。赣州市已引进国机智骏汽车有限公司、山东凯马汽车制造有限公司等一批新能源整车生产项目 8 个，总投资 478.25 亿元，为产业发展奠定了腾飞的基础。同时，赣州市已主动对接洽谈北汽集团、东风集团、一汽集团、上汽集团、四川野马汽车股份有限公司等汽车整车项目，先后对接引进烟台三和新能源科技股份有限公司、江西比亚迪电子部品件有限公司等。2017 年 9 月，赣州市在广州召开了新能源汽车及配套产业招商推介会，120 余名汽车界知名专家和企业家参会，中国汽车报、盖世汽车资讯、广州日报、广州电视台等权威媒体进行集中采访和报道。会上共签约项目 6 个，总投资 40.8 亿元。目前，国机智骏汽车有限公司、山东凯马汽车制造有限公司、宝悦汽车等项目顺利开工，其中国机智骏汽车有限公司、山

东凯马汽车制造有限公司已基本完成厂房主体钢构的搭建，昶洧赣州工厂一期顺利投产并完成21辆样车试制，正在启动二期建设。另一方面，大力提升新能源汽车零部件配套企业发展，配套产业链逐步完善，以孚能科技（赣州）有限公司、格特拉克赣州工厂、赣州五环机器有限责任公司等为代表的零部件配套企业，并使其在新能源汽车业内影响力逐步提高。在动力电池产业方面，赣州市已有以孚能科技（赣州）有限公司为代表的龙头企业；在电池正负极材料、电解液（质）、电池回收综合利用等配套方面逐渐涌现出赣州腾远钴业新材料股份有限公司、江西云锂材料股份有限公司、江西石磊氟材料有限责任公司、赣州市豪鹏科技有限公司等一批企业，引进落户了深圳市瑞富特科技有限公司负极材料、南京科孚纳米技术有限公司石墨烯应用材料等项目。赣州市现有的赣州经纬科技股份有限公司、赣州群星机械有限公司、赣州福格机械制造有限公司等一批汽车关键零部件企业，也在积极转型研发生产新能源汽车变速箱。赣州市打造新能源汽车支柱产业，已驶向发展快车道。

赣州市全力支持企业做优做强。赣州市积极引导有关企业转型升级，实现本地配套。随着赣州市动力电池龙头企业——孚能科技（赣州）有限公司的发展壮大，赣州腾远钴业新材料股份有限公司、江西云锂材料股份有限公司、江西石磊氟材料有限责任公司、赣州市豪鹏科技有限公司等一批企业都在不断完善自身条件，以尽快达到高标准的配套供应要求。为紧抓智能制造变革机遇，为在全市制造业企业，尤其是新能源汽车及配套企业中大力推广智能制造，赣州市于2017年在全省率先召开了智能制造现场推进会，并出台了《关于大力推进赣州市智能制造工程的实施意见》，引导和支持企业实施智能化改造。2017年，孚能科技（赣州）有限公司的两个项目分别列入工业和信息化部智能制造专项和试点示范项目。举全市之力发展新能源汽车，以各区县为核心攻坚力量，搭建智能制造支撑平台，高水平转型升级和高质量发展已初见成效。

五、构建国家级创新平台，加快培养技术人才

第一，着力国家工程中心申报。江西理工大学钟盛文教授组建的锂电实验室创建于2005年，历经14年的发展，至今具备了开发电池正负极材料、电池导电浆料、电源管理系统及电动汽车整车电池工程设计与开发的能力，在动力电池及材料的研究上达到了新的水平。锂电实验室于2010年获批江西省科技厅江西省动力电池及其材料重点实验室，2015年获批江西省发展和改革委员会批复的江西省高功率动力电池工程研究中心，2018年该中心研发的新能源汽车新型导电剂动力电池试车成功。赣州市要从财政支持、人才引进等方面全力支持

该省级研究中心申报国家工程中心。

第二，加强人才培养与引进。一方面，积极引进高端人才。要将新能源汽车及其关键零部件列入人才引进的重点发展方向，"靶向"弥补产业技术短板，同时开辟全球化人才引进通道，积极引进新能源汽车领域的科技领军人才和科研创新团队来赣服务。另一方面，大力培养高端人才。建立全方位、多层次的汽车产业人才队伍培养体系，引导汽车企业独立创办或与高校联合创办人才培养机构，加强与国内外高校、科研院所及产业内先进企业的合作，通过送培、合作交流等方式，强化人才队伍建设。统筹全市理工类高校设立新能源汽车相关专业，加强新能源汽车领域相关学科建设，培养出产业急需的专业技术人才和高技术人才。

第九章
赣南苏区现代家具产业振兴实践

第一节　南康区家具产业发展历程与现状

一、南康区家具产业简介

南康区是江西省赣州市辖区之一，东邻章贡区、赣县区，南通信丰县、大余县，西连上犹县、崇义县，北接吉安遂川县、万安县，属原中央苏区县和罗霄山集中连片特困地区，是中国甜柚之乡、中国实木家居之都。南康区具有深厚的商业传统和创业氛围，古有"商贾如云，货物如雨，万足践履，冬无寒土"的记载，近有"江西的温州"之称。特别是近年来，南康人凭着敢想敢干的创新精神、吃苦耐劳的客家传统，在没有木材、矿产、纺织资源的条件下，形成了家具、矿产、服装、电子等主导产业，著名社会学家费孝通把南康经济现象概括为"无中生有，有中生特，特在其人，人联四方"。目前，南康区是全国最大的实木家具制造基地，家具产业集群产值在 2016 年突破千亿元大关，达到 1020 亿元。全区拥有家具企业 7500 多家，从业人员 40 多万人，专业家具市场面积 180 万平方米，建成营业面积和年交易额均位居全国前列。南康区是"全国知名品牌创建示范区""家具产品质量提升创建示范区"，拥有"中国驰名商标"5 个。目前，南康区正在采取 PPP 模式高起点、高标准规划建设家居特色小镇，打造世界家具创新创业生态园。目前，该特色小镇被列为江西省首批 30 个特色小镇，正在申报全国第三批特色小镇。

南康区是四通八达的集散中心。在古代，即有"据豫章上游，为岭北巨邑，雄踞赣南通湘粤"的记载。如今，南康区境内有 1 个内陆港口、1 个机场、3 条铁路、3 条国道、4 条高速。昌吉赣客专、赣深高铁建成后，至厦门、深圳、广州、南昌等地均可在 2 小时内直达。赣州港是全国第 8 个内陆对外开放口岸和内陆首个国检监管试验区，已全面融入"一带一路"国家倡议。依托赣州港，打造"全国乃至世界的家具集散地"，南康区家具企业已从世界 50 多个国家和地区进口木材，家具产品销往全球 100 多个国家和地区，为把赣州市打造成为连接"一带一路"的重要节点城市和国际货物集散地奠定了坚实基础，南康区家具产业发展成就如下：

（1）集群产值从 2012 年的 100 亿元裂变到 2018 年的 1600 亿元，成为全国最大的实木家具制造基地。

（2）线上交易额从 2012 年的不到 1 亿元跃升到 2018 年的 300 亿元，成为国家电子商务示范基地全国十强。

（3）线下市场从 2012 年的 100 万平方米发展到 2018 年的 220 万平方米，位居全国第三。

（4）"南康家具"品牌价值突破 100 亿元，成为全国首个以县级行政区域命名的工业集体商标，是全国最大的区域性家具品牌。

（5）规模以上家具企业数从 2015 年的 80 余家增长至 2018 年的 466 家，位列全省第一。

（6）外贸企业从 2012 年的 0 家增长到 2018 年的 420 多家，总量和增量位列全市第一。

（7）建成和在建标准厂房面积 600 万平方米，建设规模位列全省第一。

（8）金融支持实体经济力度前所未有，财园信贷通等"6 个通"放贷规模 3 年累计超 100 亿元，位居全省第一。

二、南康区家具的发展历程

家具既是南康区的传统产业、首位产业，又是一个大有可为的朝阳产业，有人的地方就有家，有家必然有家具。经过改革开放 40 多年特别是近 5 年，南康区委、区政府以"久久为功，持之以恒"的韧劲，"功成不必在我，功成必定有我"的胸襟，紧紧围绕打造世界家具集散地、建设现代家具城，以及世界家具创新创业的孵化园、生态园的目标，坚持问题导向，大胆改革创新，走出了一条集群发展、创新发展、开放发展之路。

1. 第一阶段：原始积累（1993~2012 年）

南康区自古以来人多地少，男做木匠女做裁缝，木匠成为主要谋生手段之一，改革开放以后，一大批南康木匠"南下"务工，积累一定技术和资金后返乡创业，1993 年诞生了第一家家具厂，后经历届党委政府"放水养鱼"，家具产业快速增长，到2012年其产值超百亿元、数量近万家的规模。

这一阶段，实现了南康区家具"从无到有，从小到大"的转变。

2. 第二阶段：转型升级（2013~2016年）

南康区家具产业有了量的原始积累，但粗放式管理、"低小散乱污"、产品低端化、销售不畅通、物流成本高等问题制约了家具产业的进步发展。南康区家具甚至一度陷入"水货"家具的低谷，面临萎缩，岌岌可危。为保护和壮大南康人奋斗出来的家具产业，南康区从2013年开始大力推动产业转型升级，为传统产业注入新的动能。

首先，树立全产业链理念，打造一系列公共服务平台，把单个企业做不到、做不了、做不好的事情交给政府来做，帮助企业"降成本、有环境"。其中，8个公共服务"国字号"平台有：国家林业产业示范基地、国家级家具产业博览会、国家家具产业质量监督检验中心、国家家具产品质量提升示范区、全国内陆对外开放口岸、中国内陆口岸检验检疫监管试验区、国家"一带一路"多式联运示范工程、国家电子商务示范基地。

其次，针对"低小散乱污"、土地利用率低、环境污染大、安全隐患多、"只见星星不见月亮"的问题，学习借鉴温州市和义乌市的经验，按照"众创业、个升企、企入规、规转股、扶上市、育龙头、聚集群"思路，打出"拆转建"组合拳。

（1）拆。以环保和安全措施倒逼，淘汰落后产能。目前已累计拆除"低小散乱污"厂棚2000多万平方米。

（2）转。推动"个升企、企入规"，龙头企业示范引领，小散企业抱团发展，目前有1000多家家具企业主动申报"升企入规"。

（3）建。大规模建设标准厂房，为企业转型搭建平台，目前建成和在建标准厂房600万平方米，预计2019年建成1000万平方米。

这一阶段，通过搭平台、"拆转建"，推动南康区家具从"散"到"聚"、从"乱"到"治"转变，家具产业走上了集群发展之路，实现了"量质齐升"。

3. 第三阶段：高质量发展（2017年至今）

对照高质量发展要求，企业的转型和升级可以一分为二来看，目前南康区的大部分家具企业已经完成了转型，但升级永远在路上。围绕江西省委和赣州市委提出的打造世界家具集散地和建设现代家居城的目标，南康区家具产业仍存在产品附加值不高、核心竞争力不强、品牌影响力不大、创新研发能力不足、话语权不够的问题，为此，要向"微笑曲线"两端发力，以更高的视野、更高的起点、更高的标准推动产业由中低端向中高端迈进，引领家具产业高质量跨越式发展。

（1）强化研发设计。研发设计彻底结束了南康区家具没有原创设计机构和设计成果的历史，实现了生产设计由简单模仿向自主设计、精细制造转变。以研发设计为突破口，大力实施"设计引领、创新驱动、品牌带动"战略，组建了江西省首个家具设计中心，建立了线上家具"设计师联盟"，推动线上线下融合。已柔性引进近 100 家设计机构、院所，近 1000 名设计人才，其中 50 多家深圳知名设计企业已和南康区家具企业"结对子"，研发原创设计作品近3000 件，申请专利近 1000 项，并和意大利、西班牙等国家城市工业设计协会（设计院校）"强强联手"。

（2）打造特色品牌。品牌建设彻底改变了南康家具靠"贴牌"、产"水货"，打"价格战"的历史，实现了产业向品牌化、标准化快速迈进。打造全国首个家具区域品牌，2018 年 5 月，"南康家具"商标注册证书正式颁发，"南康家具"成为全国首个以县级行政区划命名的工业集体商标，也是全国最大的区域性家具品牌，品牌价值突破 100 亿元，高居全国家具行业之首、江西省制造业第一。截至目前，南康区家具行业共有中国驰名商标 5 个、苏浙皖赣沪名牌产品 2 个、江西著名商标 101 个、江西名牌 43 个，江西省质量管理先进企业4 家、市长质量奖 2 家、区长质量奖 2 家，南康家具品牌价值达 97.88 亿元，单个产业的品牌占有量在江西省名列前茅。下一步，南康家具将采取商标运营模式运作，实现家具"一物一码"全程追溯。

（3）推动智能制造。智能制造彻底改变了南康家具全部靠手工、小作坊、低效率生产的局面，实现了生产方式由传统工艺向数字化、智能化转变。策应"中国制造 2025"，南康区加速以数字化、智能化提升家具传统产业，引进了国内专业的实木家具标准生产线，打造"机械化、智能化、定制化"的标准车间，为企业转型提供可参考、可复制、可推广的样板，一批智能工厂、标准车间相继投入使用。"给我 3 秒钟时间，就可以生产出一把消费者需要的实木椅。"在南康家居小镇，很多昔日的神话传说也在一步步变成现实。在已建成的全国首个实木家具自动化智能生产线基础上，南康家居小镇通过"大数据+云计算+物联网+标准部件库"，打通家具生产全流程，建设无人化生产车间，真正实现了实木家具的数字化生产。同时依托国家级云平台——航天科工集团航天云网，推动企业设备上云、生产上云、管理上云，企业生产过程中设备物联、能耗、生产、环保等情况均可实现全程电子化监控。其中，雅思居智能车间是由中国科学院自动化研究所、北京理工大学联合打造的全国第一条实木智能化生产线，实现了"大数据+""物联网+"自然机器人的高度融合。"以前的制造业靠电，未来的制造业靠数据。"这是阿里巴巴集团创始人马云对新制造给出的新预言。而南康家居小镇的建设，通过运用"互联网+大数据+云计算"，实现了家具全产业链各环节的云上管理，形成全产业链生态闭环，建设全国实木家具唯一的大数据库，云上小镇的名称实至名归。

（4）家居小镇。依托南康家居小镇打造世界家具创新创业的孵化园、生态园，形成人才"洼地"，彻底改变南康家具要素缺乏的局面，实现了产业发展的高端化、国际化。南康家具用 10 个月的时间，高标准打造了南康家居小镇，聚集高端要素，创新驱动升级。目前，小镇引进了意大利、芬兰等世界顶级的设计团队和营销机构；吸引了红星美凯龙家居、索菲亚家居、宜华家居、曲美家居等 50 多家国际国内一线知名品牌商争相落地；建成了阿里巴巴、京东全国最大的线上线下体验馆，在天猫平台率先推广一店带一店的"南康模式"；在京东平台打造了首个以区域品牌命名的家居馆——京东南康家居馆。利用天猫直播、抖音直播等新媒体，打造南康家具网络爆款。获得了全球最大的企业对企业（B2B）跨境电商 Ariba 中国唯一授权，实现了"南康家具"与全球 500 强企业同台销售。2018 年 5 月，南康家居小镇因国家发展改革委"产业引领作用、人居聚合功能"两个考核指标被评为全国最美特色小镇 50 强的第 12 位，其后，南康家居小镇又因"解放思想、创新引领、改革攻坚、担当实干"，被列为中国井冈山干部学院的教学实践点。在江西省 2018 年度特色小镇考核中被评为创新创业平台类优秀特色小镇，成为全国唯一一个享誉全球、走向世界的家居小镇。

（5）赣州港。依托赣州港打造"一带一路"重要节点和国际货物集散地，形成开放高地，彻底改变了南康家具纯内贸的历史，实现了"木材买全球、家具卖全球"。江西省委提出"不以江西为世界、而以世界谋江西"，更加坚定了南康区开放发展的信心和决心。通过"产、港、城、文"的高度融合、匹配，南康家居小镇的建设也带来了城市品质的大提升。南康家居小镇不仅成为家具转型升级的新平台、新型城镇化的新路径、南康区的新"客厅"，更是"总部经济"的俱乐部，赣州市国际陆港综合服务的承接集聚地，走出了一条"产、港、城、文"高度匹配、联动提升的新路子。

通过这三个阶段的发展，南康家具实现了从无到有、从小到大、从弱到强的突破。2018 年，南康家具产业集群产值达到 1600 亿元，成为全国最大的实木家具制造基地，线上交易额实现 300 亿元，成为国家电子商务示范基地全国十强。线下市场发展到 220 万平方米，位居全国第三。下一步，南康家居小镇将与赣州国际陆港联动发展、协同创新，通过新业态、新经济的引入，力争 1 年内建成"世界木材集散地"，3 年内实现家居电商超 1000 亿元、家具集群产值翻番，推动南康家居成为国际化大产业。南康区将利用不断积累的产业集群发展经验，用科技、创新"双轮"驱动南康家具高质量、跨越式发展，建设"世界家居集散地"和"现代家居城"，实现成为全国乃至世界家具产业的航母和万亿级产业集群的新时代伟大梦想。实现世界家具在南康设计、在南康体验、在南康采购，使南康真正成为世界家居人之家、世界家居采购商之家。

第二节　赣州市南康家居小镇

为助推南康家具产业转型升级，加快打造"全国乃至世界家居集散地"、建设"现代家居城"，南康区委、区政府高瞻远瞩、实干担当，在全面推进赣州港和家具产业聚集区建设的同时，因势利导、顺势而为，打造集生产、生活、生态"三生融合"，产业、文化、旅游"三位一体"的天下家居第一镇，着力向研发、销售两端发力，聚集家具研发、设计、销售各环节高端要素，力争把南康家居小镇建设成为世界家具创新创业孵化园、生态园，补齐南康家具产业研发、设计、品牌、标准、销售、服务的短板，摆脱产业面临"微笑曲线"底端的现状，配合赣州港的建设，健全南康家具产业服务平台。

一、南康家居小镇规划

南康家居小镇规划用地面积5平方千米，核心区2平方千米，分两期建设，空间布局采取"一核两翼一飞地"。中心的景观核围绕300多亩的浩渺湖面，东侧通过建设五大洲风情的木屋建筑群，以南康家居产业通过国家"一带一路"发展倡议完成走向世界为主线，打造成为家居研发设计总部和旅游购物体验基地；南侧通过"一桥两馆"即景观桥、展览馆、家居文化馆的建设，成为产业会展、家居博览、文化推广的基地；西侧以全国56个民族为主线，以"唐、宋、元、明、清"五个朝代传统文化建筑群为载体，体现家具文化美好传承；北侧以家居产业"孵化器"文化建筑为主体，最终打造体现世界家居创新创业的新高地，南康家居小镇规划如图9-1所示。

南康家居小镇与南康区现代化标准厂房建设基地、成熟家具销售大市场、方兴未艾的赣州港经济有机联动，成为南康家具产业转型升级的新"飞地"，集研发设计、产品销售的"两翼"。

图 9-1 南康家居小镇规划效果

二、南康家居小镇设计

（1）设计方面。以千亿元家具产业支撑，吸引了来自意大利、西班牙、瑞典等 6 家国际顶尖设计机构、30 多家国内一线设计团队和高校设计学院注册落户小镇。从而实现了高端设计人才、设计机构从"0 到 1"的突破、设计成果由"1 到 N"的转化，小镇正在努力成为"中国的米兰"。

（2）品牌方面。红星美凯龙进驻小镇，建设 27 万平方米的家具品牌馆，这成为红星美凯龙在上海、北京之后最大规模的自持物业综合体；北京居然之家投资控股集团有限公司联合南康区规模以上企业入驻，打造 4 万平方米高端卖场。这些国内顶尖销售渠道商的落地，直接吸引了全国前 20 强一线家具品牌和多种国际知名品牌入驻南康。

（3）物流方面。依托菜鸟物流资源建设了华中地区首个智慧物流园，整合物流资源，打造现代物流体系；顺丰智航无人机在这里成为国内唯一获得审批的物流无人机示范区，拥有 300 名研发人员的总部已顺利落户小镇，有望在 3 ~ 5 年内助推南康形成第三大千亿元产业。

（4）金融方面。围绕家具全产业链各环节，推出仓单质押、信用担保，出台融资租赁、生产线设计贷等，解决原材料进口、生产设备采购资金短缺问题。因金融支撑，汇明集团将成为江西省首家家具上市企业。

（5）人才（机构）方面。围绕新业态、新经济引进高尖端专家、学者 60 多名；结合 1688 创办"从零开始做电商"课堂，帮助家具企业"触电上网"，南康区成为家具"产学研"实训和人才孵化基地。

南康家居小镇立足千亿元家具产业集群，紧紧围绕打造世界家居集散地、建设现代家居城以及世界家居创新创业的孵化园、生态园的目标，全力打造家居研发设计基地、家居O2O跨境电商基地、家居智能制造基地、家居总部企业基地、世界品牌家具采购基地"五大基地"，实现百家研发设计总部落户于小镇，千名研发设计人才工作在小镇，万名世界采购商游购在小镇，最终实现世界家居"设计在南康、定制在南康、体验在南康、采购在南康"。

如今，南康区已顺利完成由"家具"向"家居"、"制造"向"智造"的转型升级，下一步，将结合南康家居小镇和赣州港的优势互补，继续做大、做强家具产业。继续依托阿里巴巴、京东、红星美凯龙这些平台把南康家具实行线上线下推广，把南康家居小镇定位为4A级的工业旅游景点，间接地把整个家居推向全国。赣州港已经打通"一带一路"物流节点，可以把南康区的家具推广至全球。

三、南康家居小镇建设的意义

自建设运营以来，南康家居小镇紧紧围绕家具全产业链，以国际视野打造国际产业、以高端平台聚集高端要素，不到半年的时间，已逐步成为高端要素的"大超市"、高端人才的"新洼地"和业态集群的"孵化器"，聚集起全国乃至全球研发、设计、物流、品牌等各类高端人才、高端要素。补齐了高端要素缺失的短板，推动南康家具彻底改变了高端要素"两头"在外的现状，实现了"做家具、买家具、卖家具"能与国际接轨，推动南康家具突破了由一般意义上的"资本+技术"的产业发展模式，转变为产业链集群化、供应链系统化、价值链枢纽化的国际化大产业的发展模式。在研发方面，建立了全国最大的实木家具部件标准库，真正实现了实木家具的全程无人化生产；在全国领先制定了实木单层床、餐桌椅两个家具行业团体标准，与阿里巴巴合作制定了中国制造实木家具质量标准和服务标准；发布了全国第一个实木价格指数、产业指数和橡胶木、松木、白蜡木全球价格指数。推动南康区成为全国实木家具出标准、出价格、出规范的前沿阵地。

南康家居小镇建成后，将通过创建各类研发设计中心，与高校或国家级、省级研究所开展技术合作，建设创新综合体或众创空间等各类创新载体；实现小镇"百家研发创意机构和百家电商总部落户小镇，千名研发销售高端人才在小镇工作生活，万名世界各地采购商在小镇下单采购"的"百千万"目标。进一步提升特色小镇科技创新智力支撑，打造技术创新源头区、成果转化示范区和高新企业孵化区。以南康家居小镇对产业的服务与带动，完成运营3年内产业产值翻番和税收翻两番的近期目标，最终实现"赣州港在三年内成为中国内陆港进出口业务 NO.1，中国产业类小镇功能全覆盖 NO.1，以国有自持标准厂房承接全产业链企业入驻面积全国 NO.1"三个目标，助推整个产业融入"一带一路"倡议。

通过特色小镇建设的实践，探索出一条南康区"高端型、主题式、组团状、生态化"发展的新路子。据初步估算，南康家居小镇建好后，作为一座大的城市公园和一个超大的"城市客厅"，可以带动周边至少形成 5000 亩黄金地产圈，产生约 200 亿元的土地升值。以这样一种模式，可以跳出南康区原有城市发展的固有模式，快速与赣州市主城区对接，快速布局南康区城市规划发展。

第三节　赣州市南康家居产业龙头企业

自 2017 年南康区启动全力推进家具企业"转企升规"以来，南康区努力打造成世界家具、木材集散地，实现"买全球、卖全球"，全力打造"现代家居城"的发展目标。南康区达到规模以上标准并已申报入规家具企业有 1022 家，经省级核准规模以上家具企业 469 家，有 201 家企业选取了标准厂房，其中 179 家通过产线规划审核，112 家入驻园区，涌现一批家居龙头企业。

一、赣州市南康区城市建设发展集团有限公司

（一）公司基本情况

赣州市南康区城市建设发展集团有限公司（见图 9-2）成立于 2011 年 8 月，是赣州市南康区政府出资设立的国有独资企业，注册资金 10 亿元。集团设有董事会、监事会，现有干部职工 300 人（含借调人员），其中高层管理人员 11 人，中、高级技术人员 49 人，本科及以上学历 73 人。

该集团公司内设战略投资部、资产管理部、项目管理部、财务部、融资部、法律审计部、综合管理部 7 个职能部门；现有 9 家全资子公司，分别为赣州市南康区城发集团房地产开发有限公司、赣州市南康区城发集团户外广告经营有限公司、赣州市南康区城发集团国有资产经营投资有限公司、赣州市南康区城发集团市政管网投资经营有限公司、赣州市南康区城发集团赣南汽车城产业投资有限公司、赣州市南康区城发集团中小企业投资发展有限责任公司、赣州市

图 9-2 赣州市南康区城市建设发展集团有限公司

南康区城发集团旅游开发投资有限责任公司、赣州市南康区城发集团唐江城镇开发有限公司、江西佳宸建设工程有限公司；控股 2 家公司，分别为赣州市南康区城发集团金融投资有限公司、江西城发尚源物业服务有限公司；代管赣州市南康区财投运营有限责任公司。

（二）公司经营范围

城区基础设施及相关配套项目的融资、投资、建设、经营、管理；建设项目的策划、咨询；建筑工程施工；建设项目区域内土地收购、一级开发；政府特许经营及特许经营权的转让；城区无形资产的经营；授权范围内国有资产的经营；房地产开发；建设项目区域内的拆迁安置、物业管理、园林绿化；城乡公路建设；保障性住房建设；棚户区改造等。

（三）推进家具集聚

自 2017 年南康区启动全力推进家具企业"转企升规"以来，该集团公司紧盯将南康区打造成世界家具、木材集散地，实现"买全球、卖全球"，全力打造"现代家居城"的发展目标，克服时间紧、任务重、资金短缺等困难，于2018 年底如期完成了一期投资约 40 亿元、占地面积约 2300 亩、总建设面积213 万平方米、标准厂房 148 栋共 228 个单元的建设。同时，该集团公司会同有关部门，积极引导家具企业入规入园，达到生产车间标准化、机械设备自动化、环保消防达标化、生产管理规范化，推进家具产业高质量发展。而这一切，得益于南康区全力推动家具产业"转企升规"，引导企业入规入园，全面推进南康现代家居城建设。主动担当、靠前谋划，赣州市南康区城市建设发展集团有限公司坚决扛起"拆、转、建"中"建"的重要责任，为家具集聚区建设贡献力量。

二、江西自由王国家具有限公司

(一) 公司基本情况

江西自由王国家具有限公司（见图9-3）始创于2010年，公司以"自然""环保""健康""自由"为产品理念，选用北欧优质"芬兰松"为原料，努力为广大消费者打造一个绿色的居家环境。经过几年不断地更新、优化，公司发展出全套系列产品，包括儿童套房与成人套房，并获得了消费者的广泛认可与喜爱。公司目前拥有全产业平台，包括经营进口"芬兰松"为主的国际木材经营部、专业的拼板公司、专业的分系列产品生产线、专业的运营仓储部，几年来该公司的客户群体持续扩大，销售量不断增长，现在公司的消费者已遍布全国各地。

图9-3　江西自由王国家具有限公司商标

江西自由王国家具有限公司为保障产品质量，建立健全了品质管理体系，通过了ISO9001质量管理体系认证。该公司不断提升产品生产线的自动化水平，并先后引进了6条自动化喷涂生产线。公司还组建了专业的研发团队，现已发展到近二十人的专职研发人员，积极探索产学结合，与家具相关院校深入交流合作，让公司的产品始终能走在行业前列。对外不断开拓销售渠道，公司专业的业务团队规模已近三十人，坚持与时俱进，传统与现代相结合，实体店与网络商铺同时推进，移动互联网领域公司也不缺席，做到所有销售渠道全覆盖。为了提升服务品质，公司不断引入和提升内部管理的信息化水平，2014年完成了企业管理（ERP）系统的导入，2015年与中国航天科工集团有限公司下属航天云网合作开发导入云端系统服务，目前该公司已经成为航天云网"金牌会员"单位。未来在管理信息化方面，该公司必将向更高层次推进，满足客户更高更个性化的服务需求。

（二）公司荣誉

2013年"自由王国"家具品牌荣获"赣州市知名商标"称号，同年又荣登"江西品牌100强"。2014年"自由王国"松木家具荣获中国赣州第一届家具产业博览会实木家具最佳参展产品铜奖；江西自由王国家具有限公司荣膺"2014中国实木家具精英企业"称号；南康区义工联合会授予"爱心企业"称号；同年公司晋升为南康区家具协会副会长单位。2015年江西自由王国家具有限公司荣获中国家具产业集群优秀企业奖；2015年荣获中国家具产品创新奖儿童家具铜奖。2016年江西自由王国家具有限公司荣获第35届东莞"名"家具展青少年家具系列铜奖、第36届东莞"名"家具展青少年家具系列铜奖；在"中国好实木·床"家具评选大赛中荣获铜奖及入围奖；江西省家具协会授予"2016年度科技创新企业"；中国家具行业协会授予"2016中国家具行业产品创新单位"。

一直以来，江西自由王国家具有限公司始终秉持初衷：旨在能够为青少年儿童打造一个环保、安全的自由空间，生活在梦幻王国一样，给他们一个自由、快乐的童年，希望把自由王国打造成一个自由的平台，能够不断地融入更多的人才，在实现企业价值的同时，自由王国家具希望带给人们一种自由的生活方式，能够实现员工个人的人生价值，承载更多人的梦想！自由王国一直在路上！公司全面延续北欧可持续发展的理念，坚持致力于打造更完善的环保松木儿童家具可持续发展链。

江西自由王国家具有限公司成立之初是一家只有十几名工人的小企业，这些年来，企业经营额每年保持着两位数的增长，如今成为了南康家具产业的领头羊之一。之所以能够这么快速地成长，离不开对设计研发的重视。如今，江西自由王国家具有限公司把隶属企业的设计部剥离，在南康家居小镇单独成立众策设计公司，汇聚着十多名国内外高端设计力量，设计的魅力不断通过产品得以展现。

三、汇明集团

（一）公司基本情况

汇明集团（见图9-4）创始于1999年，企业以高端家具原料、成品生产及出口业务起步,在集团董事长曾明先生的领导下,现已发展成为立足江西省本土,整合高端家具行业的龙头家具企业。汇明集团位于中国最大的家具生产工业园区——江西省赣州市南康家具产业园。公司地理位置优越,紧靠赣州港,距赣州环城高速出入口1000米,距大广高速出入口3000米,交通便利、环境优雅、设施配套齐全,是良好的投资地点。

图 9-4　汇明集团

该集团旗下企业布局实木、板式两条家具产业链。其中,板式家具产业链有:汇森家具(龙南)有限公司、汇森明达(龙南)家具有限公司、赣州恒达木业有限公司、伟业健康科技(龙南)有限公司、赣州汇明木业有限公司、爱格森人造板有限公司等企业,其业务覆盖板式家具出口全产业链。汇森家具(龙南)有限公司设计研发团队已达200多人,可以同时为整个产业链提供设计研发输出,赣州汇明木业有限公司的板材年产量则已经可以同时为集团整个产业链提供原料供应,爱格森人造板有限公司的生产工艺流水线已经在环保品控、节能减耗层面实现循环经济,处于行业技术领先地位,同时拥有刨花板材、金属件、塑胶件自主生产能力的伟业健康科技(龙南)有限公司,为集团构建了完备的产业链配套。集团的板式家具、产品性能和质量都处于行业领先水平,其产品主要销往美国、加拿大、澳大利亚、非洲、东南亚等市场,是沃尔玛、塔吉特百货、史泰博公司、香港利丰集团、百思买等众多国际知名企业的长期合作供应商。

(二)公司发展特色

第一,设备先进,标准化程度高。汇明集团是一家集设计、研发、生产、

129

销售、O2O 为一体的国际化大型综合性家居企业，打造了标准化生产车间、引进 UV 滚涂设备、自动喷涂设备和集成化、数控化、自动化设备。

第二，绿色环保，清洁化生产。引进全球第一套实木环保家具，实木家具粉末涂装是用一种 100% 固体粉末新型涂料（由多种环保树脂及辅料经过高温合成），不含任何有机溶剂和挥发性有机物（VOCs）、重金属等有害物质。利用高科技技术和静电作用，使粉末喷出之后自动吸附在家具的表面，再经过短时间高温将其熔化、流平、固化，从而形成 80 微米以上厚度的、类似油漆手感和观感的环保涂层。剩余粉末通过回收系统直接回收再利用。生产中无任何排放物，对大气、对水、对工人均无污染、无危害，是目前涂料业最环保的涂料，也是取代油漆最为理想的涂料，其环保效益目前很难用数据估算，只能说是巨大。

第四节　赣州市家具产业发展现状、问题及对策

一、赣州市家具产业发展现状

（一）线上线下销售情况

近年来，南康区大力推动家具行业营销多元化，全面向"微笑曲线"两端发力。第一，依托家具市场销售。市场销售是家具产业最基本、最传统、最主要的销售渠道。南康区现有中心市场、国际家私城、家具博览中心等十大家具市场和配套市场，面积达 220 多万平方米，建成营业面积和年交易额在全国均位居前列。第二，以展促销。一年一度的中国（赣州）家具产业博览会在南康区举行，南康区委、区政府通过提升展会档次、扩大产业影响等方式，使家具产业博览会与线上线下销售相互推动、相互促进。2017 年，南康区成功举办了第四届中国（赣州）家具产业博览会，受到了国家部委、省市相关部门大力支持和高度肯定，家具产业博览会的成功举办把南康家具产业的影响力和知名度提升到了一个全新的高度。第四届中国（赣州）家具产业博览会参展商超过 8500 家，吸引经销商和采购商约 33.2 万人次，签约金额（含全年订单）30.58 亿元，与 2016 年相比，经销商和观展商增长了 18.36%，交易额增长了 41.7%。第三，以"互联网+"提升产业营销水平。打造国内首个"互联网+家具"综合

服务平台"康居网",推动线上线下融合,入驻企业 1300 多家,销售额 2 亿元以上。大力发展电子商务,集聚家具电商及配套企业 1200 家,由商务部主办的电子商务创新发展应用座谈会上,南康家具市场入选全国十强国家电子商务示范基地。2017 年,南康区全年家具电商成交额 190.9 亿元,同比增长 78.2%。"双十一"电商节南康家具电商成交额 2.2 亿元,海悦家具有限公司、阿呆家具有限公司、布尔乐家具、赣州十木家具有限公司、江西美锦家居有限公司等家具企业当日销售额超 500 万元。

（二）家具进出口情况

2017 年,南康区实现家具进出口 19847 万美元。其中,家具出口企业 20 家（2016 年同期 18 家）,累计出口 14272 万美元（2016 年同期 6781 万美元）,同比增长 110.47%;木材进口企业 25 家（2016 年同期 21 家）,累计进口 5575 万美元（2016 年同期 2511 万美元）,同比增长 122.02%。

（三）招商引资情况

一方面,着力招大引强。瞄准全国家具行业知名企业,实行"一对一"精准招商,力争把南康家具打造成国内家具行业最具市场价值的区域品牌,促进产业全面提档升级。华日家具、鸿业家具制造有限公司、北京端瑞科技有限公司、科霖环保装备有限公司等项目已落户南康区,曲美家居、松堡王国等一批大型投资项目正在洽谈。另一方面,围绕完善产业配套招商。2017 年上半年引进德邦物流、申通快递、顺丰速运等 65 个重大项目落户,总投资 192 亿元。德邦物流、申通快递、顺丰速运等大型物流企业的进入,将每年为南康家具企业带来超 200 亿元的销售业务,并打通物流快递、安装服务"最后一公里"。

（四）品牌企业数

南康区现拥有中国驰名商标 5 个,江西省著名商标 88 个,江西名牌 41 个,品牌占有量在全省名列前茅。

（五）出口主销地

南康区依托赣州港这一对外开放平台,通过开通中欧（亚）班列和内贸班列,大力引导家具企业"走出去",将南康家具销往全球 105 个国家和地区,具体销往以下国家和地区:
（1）亚洲:韩国、马来西亚、菲律宾、哈萨克斯坦等 31 个国家和地区。
（2）欧洲:俄罗斯、德国、法国、波兰等 35 个国家和地区。

（3）非洲：赞比亚、南非、埃塞俄比亚等 26 个国家和地区。

（4）北美洲：美国、加拿大、墨西哥 3 个国家。

（5）南美洲：巴西、智利等 7 个国家和地区。

（6）大洋洲：澳大利亚、新西兰等 3 个国家和地区。

二、赣州市家具产业发展存在的问题

（一）企业规模小，产业处于低水平状态

南康家具企业虽然数量较多，但大多规模较小，投入的原始资本较少、设备陈旧、技术落后，大多由手工操作，生产效率较低。同时因为资金和成本等因素的制约，大量小型家具企业以家庭作坊式的生产经营方式分布在东山街道、蓉江街道、龙回镇、龙岭镇等山岭或道路两旁，产业规模和产品集聚效应不明显。自主品牌意识不够强，缺乏原创，产品没有自己的特色，绝大部分企业的产品仅是简单地对广东等地家具产品的仿造或者贴牌代加工，没有形成品牌效应。这些，都制约着南康家具产业的进一步壮大。

（二）环保意识弱，环境污染严重

在家具产业的生产过程中会产生废水、废气、噪声、固体废物等污染物，按照环境保护的要求企业必须安装环境保护设施，使生产过程中产生的废水、废气、噪声、固体废物等污染物达标排放。但是根据调查，南康区大部分家具业主环保意识薄弱，很多企业未安装环境保护设施，或者是安装了环保设施但由于成本原因并未按照规定使用，致使家具厂区域内环境污染严重，尤其是材料切割产生的粉尘污染、机械设备产生的噪声污染、油漆喷涂产生的空气污染，员工大多没有采取劳动保护措施，这些都会对员工以及周边居民的身体健康产生不良影响。

（三）推动"个转企、小升规"难度较大

为了解决南康家具产品档次不高、家具企业"小弱乱"、缺乏龙头标杆企业等问题，打破家具产业转型升级的瓶颈，南康区下发了《关于加快推进家具产业"个转企、小升规"工作实施意见》，依托临港经济区发展规划，开辟"依港而立、依港而兴"的发展新路径，加快工业强区步伐，实现家具向家居延伸、实木向多元扩张、纯内贸向外贸转变，推动南康家具由"南康制造"迈向"南康智造"。南康区将借鉴浙江温州、义乌等地的经验做法，计划利用 3 年

的时间，推动 2100 家个体工商户转为企业、300~500 家小微企业达到规模以上企业标准。为实现这一目标，南康区出台了政策优惠、财税奖励、入园优惠、税费减免、水电优先、金融奖励六个方面共 18 条扶持政策，重点培育 2000 家左右的优质家具企业，力争在土地集约利用、企业环保水平、家具对外贸易、产业科技创新四个方面均有新提升，但仍然面临巨大的困难。

（四）企业品牌意识不强，品牌建设力度不足

当前，大部分南康家具企业品牌意识不强，品牌建设方法不多。实际上，品牌价值某些侧面揭示出各个品牌所处的市场地位及其变动。企业品牌价值评价工作是"加强品牌建设，提升品牌价值和效应"的重要举措。南康区市场和质量监督管理局以品牌价值评价为新的切入点，深化品牌战略的内涵，提高品牌战略的层次，促进南康区经济发展质量和效益实现新的跨越。

（五）智能制造能力有待提升

当前，大部分企业缺乏推动家具产业加速向数字化、智能化、定制化转型发展的创新人才。实现"南康家具"向"南康家居"转型，加快南康家具"互联网+先进制造业"深度融合，赣州市迫切需要加快构建"互联网+先进制造业"人才培养体系。

三、赣州市家具产业发展对策

（一）优化人才发展环境

深入实施人才优先发展战略，优化人才发展体制机制，健全人才引进、培养、激励体系，推进人才住房建设，在医疗、教育等各方面提供人才服务保障。充分发挥工业设计中心招才引智作用，柔性引进一批设计科研人才；高标准建设家居小镇，引进一批销售、品牌运营等专业人才；建成金融中心，加强金融人才队伍建设。

（二）强化创新平台支撑力

充分发挥南康家居小镇创新引领核心引擎作用，再引进一批国内外知名工业设计机构、设计人才和线上线下"一站式"家居体验购物平台、跨境电商等高端要素，不断转化新技术、孵化新业态。将南康工业（家具）设计中心打造成省级工业设计基地。加快与洛客科技有限公司合作打造"南康洛客城市设计

中心"，创建全国家具设计全产业链孵化基地。加快超快脉冲集成电路测试设备项目落地运行，持续开展与电子科技大学等省内外高等院校"产学研用"合作，不断强化工业设计中心技术招商作用。

（三）强化"南康家具"品牌建设

支持家具企业靠大联强、抱团发展。运作好"南康家具"区域品牌。争取引进华日家具、宜华木业、全友家居、松堡王国等国内家具制造龙头企业，示范引领带动本土家具企业升级改造。加快出台"南康家具"集体商标及母子品牌运营办法，明确品牌建设和发展思路；加强家具产品质量监管，推动建设家具产品质量可追溯体系，依法对生产销售不合格家具产品违法行为进行查处。

（四）强化智能制造运用

伴随着新一代信息技术与制造业融合发展步伐的不断加快，智能制造已经成为重构制造业新格局的重要动力，已经成为抢占制造业竞争制高点的必由之路。中国家具智能制造创新中心的建立必将成为传统家具改造升级和转型发展之间的一个"黄金枢纽"，推动千亿家具产业集群跨越发展，实现"南康家具"向"南康家居"转型，加快南康家具"互联网+先进制造业"深度融合，大力推广雅思居自动化智能生产车间，鼓励企业进行加工机床改造和家具生产设备智能化运用，加快爱通科技等高端装备制造项目建设，推进临港电子信息产业园二期项目建设，推动高端装备制造产业化发展。建立实木家具大数据库，推动南康区成为全国实木家具出标准、出价格、出规范的前沿阵地。

（五）加快发展电子商务

加强与天猫商城、京东商城、Ariba等国内外知名电商平台的深入合作，加强线上线下互动，壮大家具电商产业。推进红星美凯龙家居品牌馆、菜鸟臻顺电商大厦、盈海家博城（居然之家）等项目建设，支持红星美凯龙家居集团股份有限公司、北京居然之家投资控股集团有限公司等龙头企业通过设立南康家居品牌馆等方式，引领南康家具进入国际国内中高端市场，推动南康由"家具制造中心"向"家具销售中心"转变。支持电商企业参加国内外行业交流活动，对电子商务商会及协会开展行业交流活动给予一定资金扶持，着力打造"南康家具"电商品牌。设立江西省跨境电商协会赣州分会，建设跨境电子商务快件中心，发展跨境电商服务体系，促进跨境电商产业集聚。

（六）强化产业链对接整合

依托赣州国际陆港"三同"和最大体量的标准厂房优势，围绕赣州国际陆港、南康家居小镇运营开展针对性招商；围绕家具产业智能化生产、市场化运营的定位实行产业链招商；围绕电子信息、智能装备制造业，引进一批科技创新型企业。鼓励本土企业引进合作伙伴和上下游配套企业落户，延伸产业链。

（七）不断优化园区环境

持续打好"拆、转、建"组合拳，加快家具集聚区二期项目建设，力争建成 300 万平方米标准厂房。引导优质金融资源向规模以上家具企业倾斜，支持金融机构创新开发一批金融产品，帮助企业尽快入园复产。完善园区水、电、路、污水管网等基础设施，加快企业"入园入标准厂房"进度。加大家具生产技术改造支持力度，引导企业改进喷涂技术，加快推广共享喷涂中心。

第十章
赣南苏区矿业振兴发展

第一节 赣南苏区矿业发展概况

一、赣州市矿业总体情况

赣州市是享誉国内外的"稀土王国""世界钨都",具有交通便捷的区位优势,具有良好的投资环境,充满着生机和活力。稀土和钨是发展高新技术和国防尖端技术的重要战略资源,关系着国家经济命脉和国防安全,发展稀土、钨产业具有巨大的潜力和广阔的前景。赣州市全市有钨、锡、稀土、铌、钽、铅、锌、煤、萤石、石灰石、金、银、铀等54种矿产已得到开发利用,占查明储量矿种数的72%,已利用矿区数(小型以上)308个,占小型以上矿区数的78%。主要矿种钨、锡、稀土储量利用率均在95%以上,铅、锌、银、钽、脉石英、高岭土储量利用率在60%左右,尚未开发利用的矿种有石墨、钦铁矿、滑石、草炭、透闪石。矿业是赣州市的重要产业之一,全市矿山1200多座,而且还在不断增加。矿业从业人员6万人以上。当前,赣州市通过优势矿业取得新发展。

第一,着力打造全国重要的新材料产业基地。着力推进稀土、钨及应用产业转型升级,赣州市被财政部、工业和信息化部、国土资源部列为稀土开发利用综合试点城市,2016年,稀土、钨及应用产业集群主营业务收入1025.1亿元,比2012年增长58.9%。加快建设稀土产业基地,推进钕铁硼磁材、发光材料、稀土陶瓷材料及稀土电机、节能灯具等稀土新材料和应用领域建设,2016年,稀土产业主营业务收入在2000万元以上的规模企业达84家,比2012年增加16家,如表10-1所示。

表 10-1　稀土、钨产业发展情况

产业名称	指标	2012 年	2013 年	2014 年	2015 年	2016 年
稀土产业	主营业务收入（亿元）	340.11	420.24	476.73	497.90	584.99
	税收（亿元）	23.62	24.33	22.45	30.00	22.94
	主营业务收入在 2000 万元以上规模企业数（家）	68.00	70.00	73.00	75.00	84.00
钨产业	主营业务收入（亿元）	304.91	372.16	419.08	413.10	440.11
	税收（亿元）	9.47	18.43	20.28	21.00	18.99
	主营业务收入在 2000 万元以上规模企业数（家）	91.00	96.00	97.00	101.00	108.00

第二，找矿突破战略行动。2012～2016 年，赣州市获得中央财政地质勘查及专项资金项目共 40 项。重点开展了地质矿产调查评价、稀土资源调查及勘查、钨矿调查评价与勘查、铀矿调查与评价、煤矿调查与评价、金银铅锌矿整装勘查等工作，"江西于都银坑—宁都青塘地区金银多金属矿整装勘查区" 被列入国家第三批 "整装勘查区"。

第三，组建大型稀土企业集团。2016 年 6 月，中国南方稀土集团通过了江西省政府验收，基本完成了实质性组建工作。

第四，稀土、钨关键技术得到提升。批准赣州市组建国家离子型稀土资源高效开发利用工程技术研究中心，2016 年建成已投入使用。"铵盐体系白钨绿色冶炼关键技术和装备集成创新及产业化" 项目获得国家科技进步二等奖。龙南县汶龙镇上庄村、寻乌县吉潭镇、会昌县珠兰埠、定南县沙头长桥 4 个稀土矿区列入国家首批矿产地储备试点。

二、赣南苏区县域矿业发展升级与实践

（一）大余县矿业发展

大余县位于赣、粤、湘三省交汇处，是江西省的 "南大门"。总面积为 1368 平方千米，全县辖 8 个镇、3 个乡、105 个行政村，总人口 31 万人。大余县是驰名中外的 "世界钨都"。1907 年，在西华山发现世界上第一块钨矿石，成为世界最早发现黑钨矿、最早组织勘探、最早规模开采的钨矿山，大余县由

此成为世界钨业的发祥地。中华人民共和国成立后，先后成立了西华山钨矿、漂塘钨矿、下垄钨矿、荡坪钨矿四大中央直属钨矿，钨的累计探明储量38万多吨。

大余县拥有江西省唯一、周边省市唯一的省级钨及有色金属深加工基地，并建成了大余县有色金属新材料首位产业园，已进驻广州天赐高新材料股份有限公司、江西云锂材料股份有限公司、广东翔鹭钨业股份有限公司、大余科立鑫新能源科技有限公司、赣州海创钨业有限公司等60余家钨及有色金属企业，形成了集采掘、冶炼、加工、应用、贸易、科研、展示、销售于一体的完整产业体系。新增大余科立鑫新能源科技有限公司、广东翔鹭钨业股份有限公司、广州天赐高新材料股份有限公司、江西云锂材料股份有限公司4个大工业项目，达产达标后产值近200亿元。赣州海创钨业有限公司荣获国家科技进步二等奖。大余县荣获"全省专利工作十强县""全省专利工作进步十强县"等称号。

当前，大余县现代矿业成效包括：

第一，延伸产业链，发展钨精深加工。矿产业进一步做大做强。自2012年来，大余县以省级钨及有色金属产业基地为平台，着力推进江西龙事达钨业有限公司、赣州海创钨业有限公司、江西省年龙辉硬质合金有限公司等钨及有色金属深加工重大项目建设。开发高性能硬质合金、高性能钨基合金等高附加值产品，延伸钨产业链。

第二，积极推进技术创新。大余隆鑫泰钨业有限公司、大余县东宏锡制品有限公司等企业的6个项目通过江西省科技厅"赣南苏区振兴发展钨与稀土关键技术攻关"项目初审；钨产业科技创新平台建设正在开展前期工作。

第三，积极推进江西省钨及有色金属交易中心建设。将江西省钨及有色金属交易中心建设项目并入物流园区暨物流配送中心建设项目之中，现已编制项目建议书初稿。

第四，促进中小微企业上台阶。目前大余县列入培育的成长型中小微企业达60家，已培育上规模企业共47家，年主营业务收入超亿元企业10家。

（二）崇义县现代矿业发展

崇义县位于江西省西南边陲，章江源头。东与南康区接壤，南与大余县和广东省仁化县相交，西与湖南省汝城县、桂东县毗邻，北与上犹县交界。东西长约73千米，南北宽约59千米，总面积2206.27平方千米，户籍总人口215997人（2017年）。崇义县先后被评为全国重点林业县、全国山区综合开发示范县、全国绿化模范县、全国林业分类经营试点县、全国文化工作先进县、全国村民自治模范县、全国人口与计划生育工作先进县、中国魅力名县。2018

年 9 月 26 日，崇义县荣获 2018 年"中国天然氧吧"创建地区称号。

崇义县工业经济总量处在全市中等水平。全县规模以上工业企业由 2012 年的 21 家增长至 2018 年的 38 家，其中矿业企业 24 家（钨企 18 家）、绿色食品生产企业 3 家、竹木深加工企业 2 家。有色金属新材料首位产业更加凸显，首位产业主营业务收入占比提高 12 个百分点。

经过几年的发展，崇义县现代矿业取得了重大成效，推动了产业迈向中高端，经济结构持续优化。崇义县坚持把产业发展作为经济社会发展的根本举措。其工业经济量质齐升，突出首位产业，引进 9 家锂电企业，其中 5 家正式投产。崇义章源钨业股份有限公司、江西耀升钨业股份有限公司等主要工业企业转型升级步伐加快，工业经济总体运行趋好，工业对崇义县生产总值的增长支撑作用进一步增强。

第二节 赣南苏区现代矿业企业及项目

一、翔鹭钨业 APT 及硬质合金刀钻具项目

翔鹭钨业 APT 及硬质合金刀钻具项目是由中国钨业龙头企业、中国钨协主席团主要成员单位、上市公司广东翔鹭钨业股份有限公司投资兴建，是大余县有色金属新材料首位产业集群项目之一。该项目占地面积 235 亩，总投资 21 亿元，总建筑面积 11.6 万平方米，达产达标后，预计可年产 1000 吨 APT、8000 吨碳化钨粉、2000 吨硬质合金，年均可实现产值 45 亿元以上，实现税收约 3 亿元。

项目特色：①全链条，全球销。企业的落户投产使大余县成为名副其实的世界钨都，拥有世界上最完整的钨产业链。形成了从钨采掘、钨精选、APT、氧化钨、钨粉、碳化钨粉、钨合金粉到硬质合金刀钻具等完整的产业链，产品远销德国、美国、瑞典、韩国等国家和地区。②技术优，地位高。在碳化钨粉的粒度分布、颗粒集中度、减少团聚和夹粗等方面取得了领先的技术水平，综合竞争优势明显，在碳化钨粉的国际国内市场中有主要定价权。企业从美国购买的真空挤压机是目前世界上最先进的硬质合金智能化生产装备。③投资大，建设快。项目亩均投资强度约 1000 万元，亩均产值约 2000 多万元，亩均税收近 130 万元。自 2018 年 7 月 26 日开工，只用了 155 天就建成并投产，该项目的

建成肩负起了大余县首位产业转型升级的航母作用，产业集群聚集效应十分显著。

二、大余新龙威钨业白钨特种钨粉及硬质合金项目

大余新龙威钨业白钨特种钨粉及硬质合金项目是国内仅有三家利用白钨采取碱性萃取法生产 APT 的高科技项目之一，项目投资 11 亿元，占地 200 亩，建筑面积 14.6 万平方米。该项目达产达标后，可实现年产 6000 吨 APT、4000 吨特种钨粉、1000 吨硬质合金，预计年产值约 16 亿元，税收约 1.3 亿元。

项目特色：①生产工艺领先。采用中南大学最新研发的以白钨矿为原料的碱性萃取法生产 APT 专有成套技术，告别了白钨不能生产 APT 的历史，并克服了传统工艺用水量大、废水排放量大等缺点，实现全过程废水零排放生产的超细、超粗特种钨粉，具有纯度高、粒度均匀、分散性好的特点。下游梯度硬质合金产品是依托美国犹他大学先进技术所研制的，技术达到世界一流水平，填补了国内白钨有效利用的历史空白。②环保节能降耗优势明显。使用低度白钨生产 APT，具有原材料来源丰富广泛、成本低、流程短的优势，生产每吨 APT 原料成本节约 30% 以上，人工成本减少 40%。生产过程中萃取余液循环使用并实现了全程废水零排放，生产每吨 APT 耗水减少约 120 吨。③资源综合回收利用率高。APT 生产过程中三氧化钨的综合回收利用率高，可提高到 98.5% 以上，年均可增加产值 3100 万元。产生的废水通过蒸发、结晶、冷凝后得到的纯水可重复使用，过程中产生的铵盐也可作为副产品销售，真正实现了资源的综合循环利用。

三、崇义县源德矿业硅石矿加工项目

崇义县源德矿业有限公司位于江西省赣州市崇义县乐洞乡龙归村，于 2015 年 7 月 22 日在崇义县市场和质量监督管理局注册成立，注册资本为 4000 万元，在公司发展壮大的 4 年里，该公司始终为客户提供好的产品和技术支持、健全的售后服务，其主要经营石英岩矿、钨、锡、钼、铅、锌、铜、铋、铁、硅、萤石、锰矿产品的收购、加工、销售。

崇义县源德矿业硅石矿加工项目位于崇义县文英乡，新建生产厂房、办公楼等生产、辅助生产公用设施，总建筑面积 5.2 万平方米，购置生产设备 481 台（套），设计年加工精砂细硅微粉 50 万吨，总投资 7.8 亿元。2017 年度投资 3 亿元，目前已完成三通一平等工作，正在进行基础开挖，完成投资约 1.2 亿

元。项目建成投产后，将实现年销售额 4.5 亿元以上、税收 3000 万元以上、利润 4000 万元以上。

项目特色：①附加值高。该项目重点推进硅微粉深加工、高纯石英材料加工建设，进一步对矿产原材料进行深度加工，进一步生产出硅粉、硅微粉和超细硅微粉等高附加值产品。②技术含量高。项目以石英矿为原料，采用的生产工艺为水磨和干磨两种工艺。原矿干磨采用表面较为清洁的原矿直接破碎磨粉，得到产品普通硅微粉；高纯硅砂干磨采用水磨法得到的高纯硅砂进一步细磨，得到纯度较高的硅粉、硅微粉及超细硅微粉。对于纯度高的硅粉、硅微粉、超细硅微粉的提炼具有很高的技术含量。③环境污染低。生产废水包括生产线废水、废渣等溢流脱水废水和冲洗废水，经过处理后生产水循环利用率约为 97%。生产工序粉尘经"集气罩+布袋除尘器"处理，除尘效率高达 99%，净化后的气体经 15 米高排气筒排出。对于固体废弃物处理措施有磁选矿渣外售，回收综合利用。因此，项目对于环境的污染是比较低的。

四、崇义县源升锡业精深加工项目

崇义源升锡业有限公司位于章源工业园区，占地面积 200 亩，是一家集采矿、冶炼、深加工、贸易、研发为一体的民营企业，拥有铜锣钱、天门山、金祥三座钨、锡矿山，矿储量充足。崇义源升锡业有限公司按照发展绿色循环经济定位，倾力打造全产业链，以高端新型材料及应用为主攻方向，不断提高产品附加值；其产品广泛用于航空工业、超导材料以及宇宙飞船制造等尖端技术领域。企业秉着"开发与环保同步，建设与绿化并举"理念，不断追求生态与企业发展的平衡，完成护坡绿化面积 3 万平方米、投资 3000 万元配备环保设施。

按照绿色、循环、低碳的发展要求，公司充分利用崇义县乃至周边地区丰富含锡矿渣资源，对冶炼废渣无害化、资源化处理循环再利用，不断提高尾矿综合利用水平，破解了生态环境保护要求高与矿业经济尾矿处理不彻底、污染重的矛盾，实现了由"重"变"轻"、由"黑"变"绿"的变迁，既得到了"金山银山"又保护了"绿水青山"。

五、赣州稀土矿业有限公司

赣州稀土矿业有限公司成立于 2005 年 1 月，是赣州市国有企业、南方稀土行业龙头企业，注册资本 5 亿元，账面资产总额近 31 亿元，净资产近 13 亿元。

该公司拥有赣州稀土龙南冶炼分离有限公司、赣州虔力稀土新能源有限公司2家全资公司，构建了开采、加工、应用的产业链，形成了推动产业发展的综合科研、检测、交易平台。

该公司主要经营产品包括稀土氧化物产品、稀土合金、钕铁硼薄片等。该公司是赣州市稀土的唯一采矿权人，对全市范围内的稀土矿山资源实施统一规划、统一开采、统一经营、统一管理。公司拥有南方离子型稀土88本采矿权证，即将整合为44本采矿权证；拥有年配额生产量9000吨，掌握全国60%以上的离子型稀土配额生产量和稀土氧化物供应量，位居南方稀土第一位，资源控制力强、市场影响力大，是南方稀土第一大资源平台。该公司已被确定为国家稀土行业协会副会长单位，在全国稀土行业中具有重要地位，被国土资源部、财政部批准为南方稀土资源综合利用省部共建示范基地唯一建设单位。公司践行"踏实、创新、前瞻、进取"为核心内容的企业精神，推动企业健康发展。近年来，公司连续获得省、市政府和上级有关部门授予的最佳企业、突出贡献企业、杰出矿业企业等荣誉。

六、江西金力永磁科技股份有限公司

江西金力永磁科技股份有限公司是集研发、生产和销售高性能钕铁硼永磁材料于一体的高新技术企业，是国内新能源和节能环保领域核心应用材料的领先供应商。其产品被广泛应用于风力发电、新能源汽车及汽车零部件、节能变频空调、节能电梯、机器人及智能制造等领域，并与各领域国内外龙头企业建立了长期稳定的合作关系。

钕铁硼永磁材料与其他磁性材料相比磁性能优势突出，具有极高的磁能积、矫顽力和能量密度。公司建有毛坯生产、机械加工、成品电镀等钕铁硼生产全过程生产线，掌握毛坯生产和晶界渗透等核心技术，可长期稳定地给客户供应高性价比的高性能稀土永磁体，并根据高端应用领域的需求，配备国际先进生产、检验和研发设备，建立完善的生产工艺流程和质量管理体系。其产品种类齐全，稳定性强，综合品质及性价比较高，在行业中具有较强的竞争力。

稀土特别是重稀土是我国的战略资源。该公司位于重稀土主要生产地江西省赣州市，与当地重稀土生产企业建立了稳定的战略合作关系。另外，该公司于2011年与重要的轻稀土供应商四川江铜稀土有限责任公司设立合资公司，生产钕铁硼甩带合金片，以保障公司轻稀土的供应。这些战略合作能够确保公司按具有竞争力的价格保障稀土原材料的长期稳定供应。

公司将秉承"创新、超越、感恩、共享"的核心价值观，践行"技术领先、质量可靠、交付准时、管理（服务）升级、资本助力、跨越发展"的经营理念，专注于风力发电、新能源汽车及汽车零部件、节能变频空调、节能电梯、机器人及智能制造核心应用领域，力争成为世界高性能稀土永磁材料领军企业。

七、江西广晟稀土有限责任公司

江西广晟稀土有限责任公司是由江西和利投资发展有限公司、广晟有色金属股份有限公司和赣州矿业有限公司共同投资设立，首期注册资本 30000 万元，其中广晟公司出资 19500 万元，占该公司总股本 65%，江西和利投资发展有限公司出资 6000 万元，占该公司股本 20%，赣州矿业有限公司出资 4500 万元，占该公司股本 15%。该项目占地 400 亩，总投资 12.2 亿元，其中建设投资 8.9 亿元，铺底流动资金 2.6 亿元。项目分三期建设，到 2013 年后项目达产后，形成矿山开采 5250 吨，冶炼分离 7000 吨，灯粉制造 2000 吨和灯具 5 亿支的规模，每年可实现营业收入 43 亿元，净利润 2.0 亿元，上缴各种税费 2.2 亿元，具有较好的经济效益。

公司主要从事稀土开采分离、灯用三基色荧光粉、LED 节能灯和灯具的生产与销售，稀土金属及功能材料生产。江西广晟项目已列入江西省"十二五"规划重点项目，并已报入国家"十二五"规划。

八、赣州稀土集团有限公司

赣州稀土集团有限公司成立于 2010 年 11 月，注册资本 16.13 亿元，公司总资产超百亿元，为赣州市政府直属国有大型企业集团之一，公司旗下拥有中国南方稀土集团、赣州工业投资集团有限公司、赣州稀土集团有限公司等 54 家全资、控股及参股公司。

该集团公司紧紧把握赣州市属国有企业整合重组的历史性机遇，以"踏实、创新、前瞻、进取"的企业精神，不断壮大公司实力，提升公司管理水平；以绿色开采、新产品研发、精细深加工、科学技术创新为手段；以推进稀土新材料及其应用等稀土后端产业发展为核心；以建设美丽中国、生态赣州、绿色矿山为目标，努力将集团公司打造成具有市场话语权、行业影响力、国际竞争力、独具特色的集稀土、钨、萤石、铅锌等战略资源综合性大型集团公司。

该集团公司业务涵盖稀土、稀有金属、金融资产三大板块。第一，以中国南方稀土集团为核心的稀土板块。主要从事稀土原矿开采、稀土冶炼分离、稀土综合回收利用、稀土精深加工应用、稀土产品贸易、稀土应用研发和技术服务。第二，以赣州工业投资集团有限公司为核心的稀有金属板块。主要从事钨、萤石、铅锌等矿产资源的开发与利用。第三，以赣州稀有金属投资控股公司（筹）为核心的金融资产板块。主要从事稀土与钨等稀有金属的投资和管理、基金投资和管理、稀有金属交易平台运营与管理等。

第三节　赣南苏区矿业"走出去"面临的问题与对策

赣南苏区矿业企业自主创新研发能力不强、产品单一、矿产产业链结构主要呈现为"两头小、中间大、后面空"。更为重要的是，赣南苏区矿业还面临资源开采枯竭与环境污染等问题。如何控制矿业产业发展，"走出去"寻求矿业资源成为当前矿业发展的重要思路。实施"一带一路"倡议，是中央领导集体做出的重大决策，也是我国扩大对外开放的发展决策。赣南苏区矿业企业实施"走出去"战略，经历了成功、挫折和失败。通过对矿业企业实施"走出去"战略存在的问题进行分析，可获得有益的经验和对策。

一、赣州市矿业"走出去"存在五大问题

第一，缺少国际项目管理专业资质认证人。赣南苏区矿业企业在海外并购上市中，国际项目管理协会（IPMA）依据国际项目管理专业资质标准需要聘请具备签字权的合格资质人签署报告，为评审决策提供重要依据。在语言、国情和国内矿业标准与国外矿业标准不匹配等诸多因素，使赣南苏区企业并购在上市交流中遇到很多困难，中国工作标准达不到国际标准的要求。由此在赣南苏区矿业企业"走出去"的过程中，急需具有国际注册的职业工程师及合格资质人，有效指导中国企业按照国际标准开发运营，签署证券交易报告意见。

第二，中国矿业的运营管理标准与国际标准之间差距较大。中国矿业企业的相关管理标准与国际标准之间存在较大差距，特别是在地质勘探、采矿优化设计、工程地质、环保评价和经济评价等方面更为突出。怎样缩小差距，赣南苏区矿业企业在海外上市或在海外开发项目的过程中，要达到国际标准符合国际矿业要求，这是赣南苏区矿业企业"走出去"所面临的主要问题。中国企业在制定标准、生产管理和分析软件上与国际接轨，需要培养具有国际项目管理专业资质认证人。国际项目经理资质认证（IPMP）是对项目管理专业人员知识、经验和能力水平的综合评估证明，具有广泛的国际认可度和专业权威性。

应根据需要，适时从国际矿业市场引进部分工程技术和管理人才，以形成"传帮带"的形式进行培训，骨干力量达到国际化水平，形成国际化人才基础。在地质勘探到项目开发、建设、运营和闭矿的全过程中，培养一批紧缺的国际化人才，为赣南苏区矿业企业"走出去"开发矿业和实现"一带一路"倡议提供人才保障。

第三，中国矿产资源评估与国际矿产资源评估不能有效接轨。目前，在国际上应用的矿产资源行业主要标准有加拿大矿业、冶金与石油协会的 CIM 标准、澳大利亚勘查结果、矿产资源与矿石储量的 JORC 规范、南非勘查结果、矿产资源与矿石储量的 SAMREC 指南、智利矿产资源委员会的 IMEC 标准、欧洲资源量和储量报告委员会的 PERC 标准、蒙古勘查结果、矿产资源量与矿石储量的 MRC 规范、美国勘查结果、矿产资源量与矿石储量的 SME 指南、俄罗斯勘查结果、矿产资源量与矿石储量的 NAEN 规范和中国标准。加拿大矿业、冶金与石油协会的 CIM 标准代表国际最好实践标准，并被多伦多证券交易所（TSX）的 NI 43-101 独立技术报告所遵从。澳大利亚勘查结果、矿产资源量与矿石储量的 JORC 规范经 2012 年修改后，部分要求已同 CIM 标准和 NI 43-101 有效接轨，但在资质人的独立性、推断资源的利用和财务模型等的要求上仍存差距。南非的勘查结果、矿产资源量与矿石储量 SAMREC 规范被视为与 CIM 标准和 JORC 规范等同。智利、欧洲国家、蒙古国、美国和俄罗斯的标准仅限于其局部国家和地区使用。中国尽管已于 1999 年从苏联标准切换到目前的标准，但由于其不被矿产储量国际报告标准委员会（CRIRSCO）认可，因此必须下决心尽快制定中国矿业企业行业标准，并与 NI 43-101 为代表的能体现国际最佳实践的行业标准接轨，以满足中国矿业企业"走出去"的迫切需要。

第四，衡量中国矿产资源行业标准与国际矿产资源行业标准存在差距。目前中国矿产资源采用的行业标准与国际矿业的标准存在较大的差距，主要体现在地质勘探手段、资源和储量估算与级别划分、采矿设计优化理念与技术经济评估方法等方面。中国提供的有关数据，如资源量估算与级别划分、设计院提供的采矿设计与技术经济评估等，很难被国外的咨询机构和证券监管机构全部认可。其原因是源于中国对矿产资源行业的技术标准、行业管理政策和制度均与国际通行准则存在理念上的分歧。因此，赣南苏区矿业企业在海外上市时不可避免地遇到必须符合目标证券交易所和所在国证监会标准要求的难题。例如，加拿大矿业、冶金与石油协会 CIM 标准的多伦多证券交易所执行的 NI 43-101 独立技术报告规范。鉴于赣南苏区矿产资源行业标准与国际矿业标准存在的差异，赣南苏区矿产行业迫切需要建立符合国际标准的运营和技术管理体系，引进和培养具有地质、采矿、选矿等专业国际大型矿业公司工作经验的核心技术人才和运营管理人才，建立符合加拿大矿业、冶金与石油协会 CIM 标准和 NI 43-101 的要求，提升国内工程技术人才和管理人才的国际化水平，对建立标准体系和加强对相关技术人才和管理人才进行专业培训。

第五，国际通行的矿山设计方法在赣南苏区矿业企业中尚未广泛应用。矿山设计决定着矿山的经济效益、运行效率、环保安全、科技水平等各个方面，其中计划软件在矿业项目的概略研究、预可行性研究、可行性研究及矿山日常生产中起着极为重要的作用。然而，目前国内大部分矿山仍停留在用 AutoCAD（Autodesk Computer Aided Design）和 Excel 进行矿山设计和采掘进度计划编制的阶段。即使个别矿山购买了矿山设计专用软件，也仅是有能力完成开拓系统的 3D 模型，而缺乏采场设计，更没有开采计划的动画模型，从而也就谈不上得到一个立足于矿床资源模型的可靠的采掘进度计划。因此，赣南苏区矿业企业推广国际通行的设计方法迫在眉睫。

二、促进赣南苏区矿业企业"走出去"的策略

第一，组建国际化的团队。赣南苏区矿业企业"走出去"面临诸多风险，包括政治风险、经济风险、法律风险、资源风险、文化融合风险、社会治安风险、地区性疾病风险等，这些风险将一直伴随着企业境外勘查开发的全过程。海外矿产勘查开发风险的错综复杂性与引发后果的严重性值得我们重视。赣南苏区企业在"走出去"之前需要对这些风险有充分的认识，实施科学的决策与管理，进行有效的风险控制或规避。了解周边国家的各种因素，组建国际化团队是成功的关键条件。

第二，吸引和培养国际化人才。中国周边"一带一路"沿线国家多达 60 多个，赣南苏区矿业企业在"走出去"进行资源收购的过程中，在政治、法律、社会和文化差异甚大，要实现政策沟通、设施联通、贸易畅通、资金融通的关键因素在人。由于语言、文化、国情等条件约束，多数矿业企业对于国外的各种因素并不十分了解，对于国际通行的矿山运作规律也缺乏深刻认识，导致赣南苏区矿业企业在收购过程中屡屡受挫，实践证明组建国际化的人才团队，吸引和培养精通国际规则，精通国际政治、经济和文化的国际化专业人才是关键。

第三，推广国外先进技术，提升赣南苏区矿业企业国际化开采水平。首先，深入学习国外老矿区深部开采的关键技术和经验，推进中国老矿山及部分新建矿山的深部开采技术，提高资源利用率。其次，将国际领先水平矿山的连续开采新技术引进赣南苏区的矿山企业中来，以便提高开采效率和降低生产成本。到摩洛哥磷酸盐集团（OCP）学习，深入了解其在矿山连续开采工艺技术研究

中所积累的经验，开展技术创新，进行绿色投资，确定企业的国际战略定位，为赣南苏区矿山技术改造注入新的活力。最后，在赣南苏区大力推进定向钻技术在矿山工程地质调查中的应用和推广。以便获得岩石的节理分布特征，为矿山露天开采或地下开采提供必要的工程地质参数，以确保矿山开采设计的合理化。

第四，建立国际化的运营和技术管理体系。借鉴国际大型矿业公司的运营管理经验，建立适于生产发展的组织机构、运营和技术管理体系，培养和提升工程技术人员和管理人员的国际化水平，提高赣南苏区矿山的经济效益和国际竞争力。通过完善体系，明确部门和员工的职责、工作流程和标准操作步骤，有效提高劳动生产率。建立国际化的运营和技术管理体系，包括地质信息管理系统、露天矿边坡和井下地压监测信息管理系统、选厂自动化和化验室信息管理系统、矿山生产报表和决策指挥管理系统。

第四节　赣南苏区矿业发展路径选择

赣南苏区将围绕产业发展方向，建立稀土、钨产业项目库，促进资源优势转化为产业优势；以工业园区为平台，以骨干企业为依托，加强产业合作，促进项目集聚和产业集群；有序开发资源，大力发展精深加工，促进产业健康有序发展。

一、充分利用资源优势，加快发展产业集群

赣州市是最早发现钨矿的地方，拥有十分丰富的钨矿和稀土等矿产资源。因此为了进一步发展现代矿业，应推进传统企业技术改造转型、产业转型、强链转型、环保转型、扩产转型，推进钨产业往高端延链、往循环补链，依托省级钨及有色金属深加工产业基地建设，引进更多钨高端加工项目和钨加工配套项目。为了矿业循环经济的良好发展，还应当大量引进具有收集、贮存、利用钨渣等危险固体废物经营许可证的企业，解决钨行业企业的钨渣处理难题，促进赣州市钨产业及资源综合利用产业发展。

为进一步发展钨与稀土矿产行业，赣州市获批成立了江西省钨与稀土产品质量监督检验中心（江西省钨与稀土研究院），该检验中心是江西省市场监督管理局直属的全额拨款事业单位，该中心（研究院）现有办公与实验室面积

1.3万平方米，仪器设备原值5000多万元，产品检测范围从钨、稀土等几十种有色金属原矿及前端初级产品，一直延伸至产业链的后端下游产品，以及空气、土壤、水质、固体废物等环境类检测项目，关键检验项目能力和水平达到国内先进水平，其服务范围不仅覆盖大半个中国，还延伸至美国、英国等12个国家和地区，与瑞士SGS集团、法国国际检验局等国际知名检测机构开展了合作。

在此基础上，赣州市要完善钨产业链条，形成钨采掘、精矿加工、矿产品贸易、废弃矿综合利用、钨粉、碳化钨粉、硬质合金、棒材、盾构合金加工及钨渣综合利用的钨完整产业链条。围绕打造全国钨精深加工基地目标，扩大钨产业经济总量，提高发展质量。

二、摆脱单一资源依赖，引导企业转型发展

面对生态环保要求更严和钨市场持续波动的双重压力，在做优钨产业"存量"的同时主动承接沿海发达地区的产业转移，围绕园区定位，按照企业向产业、产业带扩张的思路，引进关联性大、带动力强、产业补链强链的锂电池及配套项目，积极策应赣州市新能源汽车科技城建设，扶持本土企业进行技术改造，向碳酸锂、磷酸铁锂生产转型发展。引进新能源产业项目，重点发展碳酸锂、磷酸铁锂等新能源产品，促进新能源动力电池材料产业迅速发展。建设锂电池产业示范园，形成锂电池正极材料、电解液、盖帽、钢壳、电子元器件、圆柱锂电池等各类上下游配套产业链协同抱团发展态势，形成工业经济发展新的增长点。

三、加大高新技术创新，步入良性发展轨道

长期坚持与国内高等知名院校、研究院建立人才技术对接，加大对科研的投入，走技术创新良性发展道路。鼓励各县（市、区）培育矿产资源研发平台，打造企业技术中心。加强知识产权意识，鼓励引导企业申请技术专利。选取具有代表性的县市级、乡镇级知识产权建设试点。不再像以前仅依赖资源优势发展，简单开发矿产资源，售卖矿产资源原料，而是加大引进人才，进行研发技术创新，转型注重于资源的进一步开发利用，进行高提炼、精加工。通过不断健全产业链，形成产业集群，在降低成本的同时形成自己的技术优势，增加其矿产资源的附加值，充分发挥其丰富矿产资源的优势。

四、抓实矿业污染治理，引领绿色发展道路

为了寻求矿业的快速发展，对矿产地开发以及加工势必对环境造成很大的危害。近年来，由于长年的矿业开采和对环境污染治理的淡薄意识，矿业开采对大余县的生态环境造成了很大的污染。为了维持矿业的可持续发展，同时也保障人民的居住环境不受污染，应当着力抓实矿业污染治理，秉承"在发展中保护，在保护中发展"的理念，引领绿色发展道路。紧紧围绕江西省委"创新引领、绿色崛起、担当实干、兴赣富民"工作方针和赣州市委打造"我国南方地区重要的生态屏障"战略定位，牢固树立"绿水青山就是金山银山"和"在发展中保护，在保护中发展"理念，始终牢记"绿色生态是江西最大的优势、最大的品牌、最大的财富"。并设立绿色发展示范区，为江西省乃至全国在绿色发展、绿色富民、制度创建等方面提供可复制、可推广的典型模式。

五、推进其他矿产资源开发，实现矿产资源多元化发展

面对生态环保要求更严和钨市场持续波动的双重压力，在做优钨产业"存量"的同时，大力发展钨以外的其他有色金属产业，按照发展绿色循环经济定位，进行冶炼废渣无害化、减量化、产品化，产品广泛用于航空工业、超导材料以及宇宙飞船制造等尖端技术领域，建设锌、钼、锡、钽、铌等新材料产业基地。推进非金属矿产开发，电气石、硅石资源精深开发，持续推进高岭土综合开发、硅矿加工、锡精深加工。不断加快非金属矿精深加工，打造硅矿精深加工产业链，力争打造全国知名高岭土、硅矿精深加工基地，不断改善工业经济唯"钨"独大的局面。

专题篇

第十一章
赣南苏区培育新动能的实践

赣州市积极响应国家、省关于发展新经济培育新动能的部署，制定了《中共赣州市委赣州市人民政府关于培育经济发展新动能的意见》，以发展新制造经济、新服务经济、绿色经济、智慧经济和共享经济等为重点，加快发展壮大新动能，推进新旧动能转换。

第一节　赣南苏区培育新经济的主要做法和成效

近年来，赣州市积极落实党中央、国务院及省委、省政府的决策部署，深入贯彻创新、协调、绿色、开放、共享的发展理念，紧紧抓住党中央国务院支持赣南苏区振兴发展的历史机遇，以推进供给侧结构性改革为主线，以发展新技术、新产业、新业态、新模式为重点，以科技创新、金融创新、体制机制创新等为支撑，积极培育新经济、新动能，有力推进了赣南苏区的振兴发展。《国务院关于支持赣南等原中央苏区振兴发展的若干意见》出台后的几年来，赣州市主要经济指标增幅均高于全国、全省平均水平，部分指标位居全省前列。2016 年，赣州市实现地区生产总值 2194.34 亿元，增长 9.5%；固定资产投资 2205.51 亿元，增长 16.6%，增速连续 5 年保持全省第一；财政总收入 366.32 亿元，增长 3.7%；规模以上工业增加值 847.9 亿元，增长 9.2%，规模以上工业企业实现主营业务收入 3577.33 亿元，增长 9.3%。2017 年上半年，赣州市经济继续保持良好的发展态势，10 个主要经济指标中，有 8 个指标高于 2016 年同期增速，GDP 增长 9.5%、固定资产投资增长 14.5%、工业投资增长 27.6%、服务业增加值增长 11.7%、农村居民人均可支配收入增长 11%，这 5 项指标增速均位居江西省第一。

一、谋划发展新经济，新动能培育取得积极进展

（一）着力发展新制造经济

围绕建设"全国稀有金属产业基地和先进制造业基地""中国制造2025"试点示范城市等重大战略，谋划布局战略性新兴产业，大力推进"两城两谷一带"（新能源汽车科技城、南康现代家居城、中国稀金谷、青峰药谷和赣粤电子信息产业带）建设，积极构建"3+2"新型制造业体系（重点培育新能源汽车及配套、生物制药、电子信息产业三大战略新兴产业，做好稀土和钨稀有金属新材料、现代家具两大传统产业转型升级），新制造经济保持了强劲的发展势头。①新能源汽车产业方面，加快建设新能源汽车科技城基础，推进孚能科技（赣州）有限公司动力电池扩能项目、中航新能源纯电动汽车和动力锂电池项目等一批重点项目，已落户山东凯马汽车制造有限公司、国机智骏汽车有限公司、台湾昶洧新能源汽车有限公司、中辆新能源轨道交通装备有限公司4家整车企业。赣州市新能源汽车规模以上企业68家，2017年1~6月实现主营业务收入106.96亿元，同比增长11.68%。②生物制药产业方面，重点推进青峰药谷建设，抓好青峰药业原料药及中药、制剂、现代化医药综合体，以及医药仓储物流等项目。赣州市规模以上企业24家，2017年1~6月实现主营业务收入49.97亿元，同比增长33.28%。③电子信息产业方面，重点打造智能光电及电子新材料制造、智能终端制造、光电子及应用、行业电子、特色软件及信息服务五大电子信息产业集群。全市规模以上企业197家，2017年1~6月实现主营业务收入210.7亿元，同比增长25.19%。④稀土、钨新材料产业方面，组建了中国南方稀土集团有限公司，高标准推进中国稀金谷建设，着力打造全国知名的稀有金属产业聚集区。中国稀金谷正筹建江西省新材料开发与应用研究院，计划引进中国科学院海西研究院、中国科学院宁波材料技术与工程研究所设立稀有金属新材料研发中心，国家钨与稀土产品质量监督检验中心与锆铪联合实验室正式挂牌，引进稀土钨新材料项目23个，总投资82.7亿元。江西金力永磁科技股份有限公司、龙南龙钇重稀土科技股份有限公司等一批原有企业扩大生产。赣州市钨、稀土新材料规模以上企业266家，2017年1~6月实现主营业务收入705.59亿元，同比增长27.02%。⑤家具产业方面，加快南康现代家居城建设，设立国家木材加工交易示范基地和国家木材加工示范产业园，发展家具智能制造车间，促进家具产业提档升级。赣州市家具产业规模以上企业225家，2017年1~6月实现主营业务收入138.09亿元，同比增长27.95%。

（二）着力发展新服务经济

推动生产性服务业向专业化和价值链高端延伸，推动生活性服务业向精细化和高品质转变，新服务经济逐渐成为经济增长的重要引擎。①发展现代金融业。着力打造区域性金融中心，赣州市各类金融机构 163 家，2016 年金融业增加值 126.65 亿元。腾远钴业新材料股份有限公司、江西金力永磁科技股份有限公司 2 家新经济企业 IPO 在审，赣州市新三板挂牌企业发展到 30 家，直接融资规模达到 187.27 亿元。创新知识产权质押、大型成套设备按揭等融资模式，帮助实体经济解决新动能培育资金。成立了区块链票链全国监控运营管理中心，全国首单区块链票链业务在赣州银行发布上线。②创新发展物流产业。加快赣州港物流园区、赣州综合保税区物流园区、中国供销安远物流园区等重点物流园区建设，赣州市规模以上物流企业 262 家，国家标准 A 级物流企业 45 家。赣州港获批临时对外开放口岸，开通了中欧班列及赣州—厦门、赣州—深圳铁海联运"五定班列"。③发展健康养老产业。赣州市列为第一批国家级医养结合试点单位，在江西省率先推进"医疗卫生+养老服务"试点，着力打造区域性医养结合示范市。目前赣州市已形成养老机构内设医疗机构、依托医院办养老院、养老机构与医疗机构合作、社区辐射模式等多种医养结合模式，不断解决老年群体医疗和养老两大难题。

（三）着力发展绿色经济

积极创建省级生态文明先行区，积极探索"生态+"发展模式，大力发展绿色经济。①发展生态农业。推进脐橙产业发展升级，赣南脐橙面积稳定在 140 万亩、产量 100 万吨，其品牌价值连续四年位居全国初级农产品类地理标志产品价值榜榜首。大力建设油茶良种基地、高产种植基地、产业加工基地，新增高产油茶面积 41 万亩，油茶林总面积发展到 256 万亩。②发展绿色环保产业。大力开发利用水电、风电、光伏等新能源，赣州市已建成水电装机容量 115.3 万千瓦、风电装机容量 57.75 万千瓦、光伏发电装机容量 67 万千瓦。加快建设省级新能源汽车动力电池产业基地，孚能科技（赣州）有限公司、江西维峰低温电池有限公司、赣锋锂业股份有限公司、中航新能源等一批超 10 亿元项目快速推进，孚能科技（赣州）有限公司锂动力电池出货量居国内生产企业前三甲。③发展生态旅游业。整合旅游资源，推进"全域旅游"，发展特色旅游和乡村生态旅游，实现"旅游+业态"融合发展。2016 年赣州市接待游客6741.52 万人次，同比增 40%，旅游总收入 588.88 亿元，同比增 49%。赣州市各类休闲农业企业达 1706 家。

155

（四）着力发展智慧经济和分享经济

①电子商务快速发展。扎实创建国家电子商务示范城市，抓好国家电子商务进农村综合试点县域全覆盖工作，打造了一批国家级、省级电子商务示范基地和电子商务产业园，建设了稀土、钨等稀有金属交易中心等电子商务平台企业，深化与阿里巴巴、京东集团、顺丰速运等知名电商企业的合作。赣州市建成并投入使用电子商务产业园 26 个、县乡级电商服务中心 194 个、村级电商服务站 2300 余个，农村电商从业人口超 25 万人。②发展大数据产业。赣州市印发了《关于加快大数据发展的实施意见》，与中国信息通信研究院、软通动力信息技术（集团）有限公司签订战略合作协议，搭建全市统一、市县联动的工业大数据平台。引进华为技术有限公司公司建设云计算数据中心，着手建设大数据产业园。设立软件孵化园、物联网创新应用产业园。推进中心城区"智慧社区"建设，通过构建区域性大数据平台，为居民提供各类信息、解决生活服务需求。③发展文化创意产业。重点发展江西赣州国家印刷包装产业基地，推进宋城壹号、赣坊 1969 文化创意产业园和上犹油画创意产业园等项目建设。④发展分享经济。搭建了公共信用信息平台、全国唯一综合性企业服务在线交易平台"企服城"、全国首个"滴滴打车"式智慧物流信息线上交易平台"吉集号"等一批信息平台，重点在信用、智力、公共资源、社会管理等方面推进信息互联互通、开放共享。赣州市中心城区和部分县（市）的共享单车已经投入使用，弥补了城市公共交通的不足，方便了市民出行。

二、坚持创新驱动，科技创新能力逐步提高

推进科技创新体系建设。大力实施"1122"工程，以在"十三五"期间新建 10 个国家级创新平台和载体、新增 10 个省级以上创新人才和团队、实施 20 项省级重大科技专项、新增 200 家高新技术企业为目标，加快创新型赣州建设。围绕稀土、钨、脐橙、油茶等优势特色产业发展和新能源汽车、生物制药等战略性新兴产业培育，加强政策引导，推动企业成为科技创新的主体，组建了多个"产学研"科技合作平台，为赣州市发展优势特色和新兴产业提供了持续支撑。赣州市现有国家工程技术研究中心 2 个、国家重点实验室 1 个、国家级研发平台 5 个、国家技术转移平台 1 个、国家级创新企业 2 家。矿石强磁选、钨绿色冶炼等 2 个项目获国家科技进步二等奖。科技部批准建设青峰药业创新天然药物与中药注射剂国家重点实验室，其成为江西省企业国家重点实验室。

（一）促进大众创业万众创新

①加大对创新创业的财政金融支持。通过"直接变间接、无偿变有偿、资金变基金"，创新资金支持方式，引导和撬动金融和社会资本为创业创新提供"资金池"。赣州市已设立政府性产业基金 51 支，总规模超 1400 亿元，已落实 230 亿元。其中，赣南苏区振兴发展产业投资基金规模 300 亿元、交银赣南苏区产业发展基金总规模 100 亿元。赣州市财政安排专项资金 1000 万元实施科技创新券激励政策，支持企业、创新团队、创客购买科技服务、开展科技研发。赣州市财政财政部门累计投入 22 亿多元保证金设立小微信贷通、创业信贷通、产业信贷通等"五个信贷通"，撬动银行贷款 421 亿元，拓宽企业融资、创业投资渠道。实施创业担保贷款，发放创业担保贷款 29.7 亿元，直接扶持创业 2.6 万人、带动就业 14.7 万人，创业担保贷款工作获"全国微型创业最佳社会绩效管理奖"。②加快创业孵化平台建设。赣州国际企业中心孵化器、赣州市小微企业创业孵化基地入选国家级科技企业孵化器。引进厦门（江西）功夫动漫创客科技有限公司，合作共建赣州市大众创业万众创新示范基地。赣州市培育发展各级众创空间、科技企业孵化器、创业孵化基地 78 家。

（二）强化人才队伍建设

以满足赣州市创新发展人才需求为导向，积极对接"创新人才推进计划""千人计划"和"赣都英才 555 工程"等国家、省重大人才工程，制定人才引进政策措施，加大对高层次人才、急需紧缺人才的引进力度，引进了"千人计划"人才 3 人。发挥赣州市各类院校的作用，围绕主导特色产业和战略性新兴产业，调整相应的专业设置，加大对本土人才的培养。

（三）促进科技成果转化

在江西省率先设立市级自然科学奖、技术发明奖、科技进步奖。近年来，29 项科研成果获省级科技进步奖，是江西省获奖项目最多的设区市。全市专利申请、专利授权量和有效发明拥有量保持高速增长。2016 年赣州市专利受理 13061 件，增长 128%；专利授权 5216 件，增长 20%；赣州市有效发明拥有量 649 件。30 家企业被认定为国家级、省级知识产权优势企业。

三、推进改革创新，发展环境优化升级

（一）大力推进放管服改革

按照"努力把赣州打造成为全省乃至全国审批程序最少、办事效率最高、服务质量最好的地方之一"的目标，强力推进简政放权，推行一窗口受理、一站式办理、在线审批，实行"容缺受理"、审批"串联改并联"、项目建议书、可行性研究与初步设计"并步走"、"前置审批改后置审批"以及设立"中介服务超市"等多项措施，大力精简行政审批事项，优化投资审批流程，提高审批效率。市本级行政审批事项从 2013 年的 597 项精简至目前的 97 项，平均办结时限为 4.43 个工作日，审批时限缩短 70%，企业和群众满意率明显提升。扎实推进商事制度改革，改善创业环境和投资环境。全面推进注册资本登记、年度检验验照、市场主体简易注销登记、企业注册登记便利化等改革，实行"五证合一、一照一码"登记制度，不断激发市场活力，市场主体大幅增长。截止到 2017 年 6 月底，赣州市市场主体总量由商事制度改革前的 31.59 万户增加到 45.52 万户，增长 44.10%；注册资本由商事制度改革前的 2207.58 亿元增加到 2017 年 6 月底的 5588.79 亿元，增长 153.16%。个体私营企业吸纳就业人员约 184 万余人。

（二）促进企业降本增效

深入开展降低企业成本优化发展环境专项行动，赣州市出台了 90 条惠企政策措施，在落实税收优惠政策、清理和降低涉企收费、降低融资成本、人工成本、用能成本、用地成本、物流成本、财务成本等方面，着力为企业松绑减压。自开展降低企业成本优化发展环境专项行动以来，累计为企业减负 142 亿元。建立帮扶机制，组织开展干部挂点帮扶、金融定向帮扶、专家精准帮扶。开展"千名干部入千企"活动，挂点联系企业 2000 多家。组建专家顾问团，赴园区开展精准服务，解决企业技术难题 91 项，达成合作意向 60 项。为解决企业融资问题，市县两级设立还贷周转金，总规模达 14.3 亿元，帮扶企业 2699 家，发放周转金 140.61 亿元。开发了精准帮扶企业 APP 平台，畅通企业诉求渠道，及时受理并实行销号管理。该 APP 平台累计收集企业诉求 2008 个，已办结销号 1868 个，办结率达 93.03%。

（三）创新载体平台建设

①加强园区建设。推进瑞（金）兴（国）于（都）、"三南"（龙南、定南、全南）工业园区整合，实行品牌共用、政策共享、规划共编、园区共建、数据共表，推进一体化发展。争取 10 个县（市、区）的工业园区调区扩区、3 个县设立省级工业园区、3 个园区循环化改造，增强了园区产业承载力和环境承载力。②提高开放水平。改革赣州综合保税区管理体制，推进与赣州经济技术开发区协同发展、功能互补，发挥引领全市开放发展平台的作用。主动融入"一带一路"国家倡议，依托赣州港，规划建设临港经济区，推进港区一体化发展，努力打造江西省对外开放的南大门。

第二节　赣南苏区培育新经济、新动能的主要困难和问题

总体来看，赣州市经济发展新动能正在不断积聚壮大，新旧动能接续转换态势明显加快，但受发展阶段、基础条件和发展环境等因素影响，赣州市经济发展水平与全国、全省仍有较大差距，在新动能培育方面还面临着不少困难和问题。

一、经济发展水平偏低，创新发展基础薄弱

（一）经济规模总量偏小

赣州市是革命老区，经济社会发展水平还比较低，仍是全国较大的集中连片特困地区，人均生产总值（GDP）在全国处于较低水平。在经济总量小、基础差、底子薄的条件下，培育新动能具有相对难度。2016 年，赣州市实现地区生产总值 2194.34 亿元、财政总收入 366.32 亿元，分别只占江西省相对应指标总量的 11.95%、11.66%。经济总量偏小制约着赣州市新经济新动能的培育发展。

（二）县域经济发展滞后

县域经济发展不平衡，竞争力较弱，2016 年赣州市仅有章贡区生产总值过

200 亿元，有 8 个县生产总值低于 100 亿元。地方财政收入规模偏小，2016 年一般公共预算收入超过 20 亿元的仅有章贡区和赣州经济技术开发区，其中有 11 个县收入不到 10 亿元；财政"自给率"偏低，多数县财政支出来源于上级财政转移支付，仅依靠地方财力，连基本运转都难以维持。由于财力紧张，对新兴产业的支持力度不够，一些具有良好成长潜力的新兴产业发展缓慢，产业优势不够突出，产业链不够完善，产业配套能力不够强，产业聚集效应不够显著。

二、产业发展层次不高，新兴产业规模偏小

（一）三次产业结构不优

2016 年赣州市三次产业结构为 14.6：42.7：42.7，第一产业比重大、第二产业比重轻、第三产业比重少的问题仍然较为突出。农业生产仍以种植业为主，农业优势特色产业规模不大，现代农业发展缓慢，农民组织化程度不高，产业化和规模化经营还处于较低水平。工业以传统资源型初加工为主，缺乏精深加工，发展后劲不足，"造血"功能不强，工业化率仅相当于全国 20 世纪 90 年代中期水平，在江西省内也位居后位。传统服务业比重大，新兴服务业相对不足，特别是现代物流、金融保险、商贸服务、科技信息等需求潜力巨大的生产性服务业发展不充分。

（二）战略性新兴产业不强

赣州市产业发展层次低，高新技术产业规模小，具有自主核心技术、高端产品少，战略性新兴产业大多处于价值链的中低端环节，骨干企业不强，新兴企业不多，创新动力不足，市场竞争能力较弱。稀土新材料及应用、钨新材料及应用等产业虽然已形成一定的规模，但发展层次仍然偏低，辐射带动作用较弱。新能源汽车及配套、电子信息、生物制药等新兴产业由于起步较晚、发展缓慢，新能源汽车城还在建设当中，签约企业不具备整车制造能力，电子信息企业多为简单加工型或组装型，利润率不高，生物医药产业只有 22 家规模以上企业，营业收入 70 亿元，产业规模较小。2016 年，赣州市高新技术产业园主营业务收入不到 300 亿元，全市高新技术企业不到 200 家，在工业经济中所占比重较小。

三、高端创新人才匮乏，企业创新能力不足

（一）创新人才比较缺乏

人才结构性矛盾突出，质量层次不高，高层次专业技术和技能人才比较稀缺，智能制造、互联网科技、新兴战略产业等新动能领域"高精尖"人才尤为匮乏，本地高层次人才培养能力不足，又无力吸引外来人才，存在"高端人才引不来、技术人才撑不起、本土人才培不出"的现象。其主要原因为，现有人才优惠政策力度不够大，且兑现程序烦琐，对真正的高端人才、能够引领产业发展的领军人才没有吸引力；支撑人才创新创业的平台和载体较少，国字号科研平台不多，赣州市院士工作站仅4家，博士科研工作站仅3家，集聚人才作用发挥得不够明显，对人才尤其是高端人才的吸附能力较弱；本地人才外流严重，赣州市地处内陆地区，经济欠发达、后发展的基本市情决定了赣州市与沿海发达地区在福利待遇、工作环境、生活条件、发展机遇等方面存在较大差距，在吸引和留住人才方面缺乏竞争力，加上赣州市地处珠三角经济区、长株潭城市群、鄱阳湖生态经济区、海峡西岸经济区包围之中，培养出来的创新型人才，尤其是高级研发人员、管理人员等技术人才资源极易外流，留在本地的专业人才少之又少。

（二）企业创新能力不足

企业缺乏创新动力，研发投入普遍不足，大部分企业依然处在产业链中低端，基础技术创新能力薄弱，原创能力不足，缺少核心关键技术。即使是产业研发水平相对较高的钨、稀土企业，其整体技术装备水平也较为落后，研发投入占主营业务收入比重不足3%。企业自主创新热情不高，对科技、人才重视程度不够，赣州市只有不到10%的规模以上工业企业有研发机构，具有自主知识产权的产品和技术较少，成果转化率低，投入机制不够健全。企业普遍重生产轻研究开发，重引进轻消化吸收，重模仿轻创新，创新层次低，高端发明少。很多企业处在有"制造"无"创造"、有"产权"无"知识"的状态。

四、创新创业环境不优，体制机制有待完善

（一）创新体系不够完善

国家级重点实验室、国家级大院大所等科技创新资源相对较少；汇聚科技与智力资源，拥有良好创业环境的高科技园区有待实现突破；科技中介服务机

构、行业协会等市场组织不够健全。协同创新合力不够，创新资源整合力度较弱，依然各自为战，没有真正做到"创新引领、重点突破"；创新投入重点不突出、研发投入总量不足、支持不持续，无法形成重点关键共性技术、自主知识产权，各方的创新激情和活力没有充分发挥。

（二）创新环境存在差距

一些扶持自主创新的政策文件缺乏配套实施细则，导致操作性不强，难以发挥应有的效果。知识产权意识还比较淡薄，知识产权保护制度尚不完善，还未建立起有利于自主知识产权产生和转移的法制环境。众创氛围不够浓厚，尊重个性、恪守诚信、公平竞争、激励探索、提倡"冒尖"、宽容失败创新文化和创新环境还没有形成。一些地方和政府部门对培育经济发展新动能认识不足、重视程度不够，仍依靠老办法发展新经济。

（三）瓶颈制约因素较多

新动能具有人才、知识、资金、技术密集等特征。然而，目前赣州市创新投入的资源基础还较薄弱，瓶颈约束较为明显。尤其是科技研发投入不足，2016年赣州市用于研究与试验发展（R&D）经费支出占GDP比重仅为1.2%，不到全国平均水平的一半。在产业振兴、企业创新、民生科技、平台建设等重点领域真正支持新动能的发展的资金投入不足，在材料、装备、控制系统等关键核心技术方面仍然受制于人，难以适应新动能的发展要求。金融创新对新经济形态的助推作用不明显，面向自主创新企业的金融市场发育不足，创业投资和资本市场仍需壮大，信贷支持新经济形态的灵活性和便利性有待提高，适合新经济形态发展的金融创新服务模式还在探索。公共服务平台建设滞后，除稀土、钨、家具等特色优势产业建立了国家级、省级技术创新公共平台以外，新能源汽车、电子信息、生物制药、氟盐化工等主导产业仍没有产业公共技术创新平台，技术服务能力较弱。缺乏面向企业特别是小微企业的信息化服务公共平台，以及物联网、云计算中心、大数据中心等"互联网+"支撑平台，对企业信息化的支持和服务能力较弱。

第三节　赣南苏区培育新经济、新动能的思路和建议

加速培育壮大新动能、改造提升传统动能是引领经济发展新常态、促进经

济结构转型的重要途径，也是加快赣南苏区振兴发展、同步实现全面小康的重要支撑。必须深入实施创新驱动发展战略，统筹优化影响新动能培育的各种因素，采取针对性的措施，加快发展以新技术、新产业、新业态、新模式为核心的新经济，开辟新经济发展空间，释放新经济发展活力，培育赣南苏区经济发展新动能，促进经济发展实现新的跨越。

一、以做强新制造经济为重点，大力发展特色优势产业

以创建"中国制造2025"试点示范城市为契机，立足产业基础与特色，加快实施"互联网+"协同制造行动计划，推动赣州新能源汽车科技城、南康现代家居城、中国稀金谷、青峰药谷、赣粤电子信息产业带"两城两谷一带"建设，促进新能源汽车、稀土钨新材料、现代家居、生物制药和电子信息等特色优势产业加快发展。积极争取国家延长赣州市特色优势产业执行西部大开发政策的期限，支持赣州市列为第二批老工业城市和资源型城市产业转型升级示范区，加快构建特色鲜明、结构合理、集约高效、环境友好的现代产业体系。

（一）加快赣州市新能源汽车科技城建设

补齐新能源汽车"三电"（电驱动、电池、电控）产业链，争取国家支持赣州市优先申报新能源乘用车整车生产资质，推动国内整车企业在赣州市设立分厂，支持赣州市经济技术开发区列为国家新能源汽车产业基地，建成全国重要的新能源汽车研发中心、国家级新能源汽车产业基地、国家级新能源汽车检测中心、全国重要的新能源汽车动力电池生产基地。

（二）加快中国稀金谷建设

争取国家支持赣州市高新技术产业园区列为国家稀有金属产业基地，支持赣州市建设"中国稀金谷"，并列入"中国制造2025"重大项目库，在项目资金等方面支持稀土、钨产业发展。引进一批精深加工项目、研发机构和行业高端人才，争取中国稀金谷纳入国家双创平台，推动赣州市钨新材料产业基地升为国家新型工业化示范基地。

（三）加快南康现代家居城建设

完善家具专业市场功能，加快建设家具会展中心等项目，深入创建全国实木家具知名品牌示范区，培育一批自主品牌企业。充分发挥赣州港作用，完善金融、电商、物流、仓储、研发和检测等综合配套服务平台，争取国家支持

"赣南家具"等国家级出口质量安全示范区建设，打造世界木材和家具集散地。

(四) 加快青峰药谷建设

引进优质生物制药项目，依托江西青峰药业有限公司等龙头企业和国家重点实验室优势，鼓励研究和创制新药，促进现代中药、化学药制造等深度研发和加工，打造集药材种植加工、药品研发制造、医疗健康旅游、高端医养结合健康养老、健身休闲为一体的产业集群，加快建设健康城。争取国家支持赣州市创新药物加快审评审批、试点品种上市许可与事中事后监管，建设国家智能制药产业示范基地。

(五) 加快赣粤电子信息产业带建设

积极承接珠三角经济区、海峡西岸经济区精密电子高端产业转移，大力发展数字视听、移动通信终端、绿色电子机电等产品，加快探索生物识别、人工智能等前沿领域，争取国家支持龙南县设立国家级电子信息产品检验检测中心、南康区建设"电子薄膜与集成器件国家重点实验室"赣州分实验室。

二、以培育新经济产业为引擎，加快新旧动能接续转换

以市场化、产业化、社会化为导向，大力发展新服务经济，促进服务业与现代农业、制造业、城镇化融合协调发展，着力培育服务业新业态、新模式，建设全国革命老区服务业发展示范基地。大力发展绿色经济，积极推行"生态+"模式，走生态与经济融合发展之路。大力发展智慧经济、分享经济，鼓励新技术、新产品的产业化，加快形成一批市场前景好、辐射带动力强、市场竞争力强的战略性新兴产业集群。

(一) 做大现代金融业

以推进国家产融合作试点城市建设为契机，推进产业与金融的全面嫁接，提升金融产业服务实体经济的能力。建设区块链城市，推广区块链技术在金融领域应用，建设、引入一批有特色的区块链企业。建设区块链金融产业沙盒园，利用区块链技术搭建金融监管平台。积极引导金融机构创新生态金融，大力发展绿色金融，切实发挥自然资源资产生态价值功能，设立生态风险补偿基金，支持赣州市开展自然资源资产生态金融试点。争取国家将贫困县企业上市政策扩大到全部县（市、区），对赣州市内所有企业首次公开募股（IPO）、新三板挂牌、发行债券、并购重组等开辟绿色通道。

（二）做强现代物流业

加快推进国家现代物流创新发展城市、国家物流服务业标准化项目试点建设，加快赣州综合物流园、赣州港多式联运示范基地、赣州冷链物流中心等项目建设，推进形成布局合理、便捷高效、服务优质的现代物流基础设施网络体系。加快赣州市智慧物流信息平台建设推广，打造赣州货运版"滴滴打车"平台。着力引进大型物流企业到赣州市设立营运中心、转运中心、分拨中心等机构。支持瑞金市、龙南县建设综合物流园。大力发展第三、第四方物流业，促进物流企业向国家标准 A 级物流企业转型。争取国家支持宁都县、安远县等通用机场建设，完善赣州市通用航空飞行配套服务保障体系。

（三）提升发展旅游业

将旅游业发展与城市化进程相结合，聚焦重点旅游项目，高标准、高起点、组团式开发旅游资源，打造"一核三区"旅游发展格局，引导旅游产业整体集聚发展。做强"红色故都""客家摇篮"等旅游品牌，建设全国著名的红色旅游目的地、区域性文化旅游中心城市和东南沿海地区休闲度假"后花园"。加快方特主题公园、时光赣州（七里古镇）等重大文化旅游项目建设，打造旅游综合体，建设一批高星级或主题旅游饭店和特色民宿。重点以信息化带动传统旅游业向智慧旅游业转变，全面推广应用赣州智慧旅游 APP，推进智慧景区、智慧饭店、智慧旅行社和智慧旅游网站建设。整合旅游资源，推进"旅游+"产业融合。争取国家支持赣州市建设国家旅游扶贫示范区，并支持建设"赣南苏区红色旅游长廊"和"长征精神红色旅游教育基地"等重大项目。

（四）加快发展电子商务

大力推进国家电子商务示范城市建设，依托综合保税区、临港经济区等海关特殊监管区域及各类经济开发区，加快建设集保税展示、物流、交易、服务于一体的跨境电子商务产业园区，建设国家跨境电子商务试验区，争取开展国家跨境贸易电子商务服务试点，在出口通关服务、结售汇等方面先行先试。扶持一批行业性和区域性电子商务平台，打造一批省级以上电子商务示范基地和产业集聚区。推广线上线下互动融合、社区电子商务、移动电子商务等新模式，积极培育网上农贸市场、数字农家乐等农村电子商务服务。

（五）大力发展健康养老业

以建设赣粤闽湘四省边际区域性健康养老中心为契机，大力培育中医药养生保健、健康休闲、特色健康管理等康养新业态，引进高端医疗、健康管理和中医养生等项目，建设健康产业创新示范区。推进医养结合试点，加快建设一批高端健康养老与休闲旅游相结合的综合产业体，打造国内知名的养生养老示范基地、中部地区健康服务业中心。积极争取承办省级以上各项重大体育赛事，加快发展健身休闲、体育培训、场馆服务、体育用品制造和销售及体育旅游等行业联动新业态，打造运动休闲城市。

（六）积极发展绿色智慧农业

推进农业结构调整，促进农村三大产业融合发展，积极创建国家级农村产业融合发展示范园。提升现代农业示范园建设水平，争取国家支持赣州市全域创建国家现代农业示范区。大力发展赣南苏区脐橙、油茶等特色生态农业，打造一批绿色有机农产品生产基地、现代农业示范基地，逐步建立农副产品质量安全追溯体系，争取国家支持创建国家级农产品精深加工示范基地。积极培育新产业新业态，大力发展农田艺术景观、农产品个性化定制服务、会展农业、市民农场等新型业态。积极推进"互联网+农业（农村）"，深入实施"信息进村入户"和"智慧农场"工程，加快建设益农信社、智慧农场，建设赣州市农业云平台。

（七）着力发展节能环保产业

加强与南北"4+8"地区绿色产业联盟合作，规划建设绿色经济产业园，加快发展绿色产业，积极创建全国绿色转型发展示范区。加大对土壤修复、废弃矿山生态修复、污水处理、气体净化、固体废弃物综合利用等领域的研发投入力度，打造资源综合利用产业集聚区。推广应用节能环保新技术、新产品，推进重点行业能效提升和节能减排升级改造，积极发展高效节能技术装备。大力发展以合同能源管理、环境污染第三方治理、综合解决方案为主的节能环保服务，积极培育排污权交易、环境污染责任保险、再制造服务等新业态。争取国家支持东江生态经济带建设，并上升为国家战略。

（八）加快发展新兴产业

紧紧抓住新一轮科技革命和产业变革的历史机遇，大力推进信息技术在产业领域中的应用，努力推动产业转型升级，促进产业向高端化、产品向高附加值迈进。推进"互联网+"行动计划，加快发展信息技术、研发设计、知识产权、检验检测、认证认可、中介服务等新兴服务业。大力发展智慧型产业，推进云计算、大数据、物联网、智慧城市、分享经济、智能经济等发展，加快数字视听、移动互联网、新能源产业发展。发展航空制造，支持通用航空器零部件制造、飞机维修、研发和航空器组装等产业发展。发展通用航空业，建设通航小镇和通航产业园，争取国家支持赣州市创建国家通航产业综合示范区。

三、以深化"放管服"改革为动力，营造宽松包容的发展环境

坚持解放思想、先行先试、理念创新，以市场需求为导向，针对新技术、新产业、新业态、新模式，不急于做规划和顶层设计，不急于实行负面清单管理，创新政府管理服务模式，完善政策支持体系，鼓励先行先试，营造宽松包容的发展环境。

（一）营造公平开放的市场环境

进一步放宽行业准入标准，推进新经济领域"证照分离"改革，放宽准入标准，鼓励商业模式创新，促进跨界融合发展。充分考虑分享经济特殊性，原则上不对提供信息中介服务的平台企业设置行业准入限制，调整阻碍"互联网+"发展的市场准入要求。适应新经济发展需求，创新监管方式，探索建立审慎监管制度，加强信用监管、弹性监管和事中事后监管，包容处于发展初期的新生业态。

（二）营造便捷高效的政务环境

深化"放管服"改革，强化服务意识、纳新意识、担当意识。把行政审批制度改革作为政府改革的突破口，进一步简化行政审批程序，优化服务流程，深入推进"互联网+政务服务"。继续深化工商登记制度改革，推行工商登记"同城通办""局所通办"机制，推进企业登记全程电子化。推动政务公共数据资源共享，由政府投资或给予财政补贴的公共交通、卫生医疗、文化教育、健康养老等公共服务领域产生的数据，除涉及个人隐私和法律法规明确规定不能开放的数据外，主动向社会全面开放。

（三）营造宽松优惠的政策环境

现有各类鼓励创新创业创客发展的优惠政策面向新经济形态企业开放，鼓励其先行先试、突破发展。争取国家支持赣州市创建全国新旧动能转换综合示范区，将新经济领域更多试点示范等倾斜安排赣州，为培育新动能争取更多的政策红利。充分用好西部大开发税收优惠政策，支持一批新经济形态龙头企业做大做强。积极争取国家支持赣州市特色优势产业参照执行《西部地区鼓励类

产业目录》，实行差别化的产业政策，并在安排重大生产性项目时，采取"同等优先"原则，尤其是对有条件在赣州市加工转化的资源开发利用项目，力争国家布局建设并优先审批核准。

四、以引进培育人才为根本，健全人才集聚流动机制

加强创新型人才队伍建设，将新经济领域人才纳入市人才工作重点和全市急需紧缺人才引进目录，取消妨碍新经济领域人才自由流动的限制，营造创业创新便利条件，为新经济新动能培育留足空间。

（一）引进培育高层次人才

积极争取国家将赣州市列为全国人才工作联系点，在国家"千人计划""万人计划"等重大人才计划方面给予赣州市重点支持。实施名家培养工程，加强领军人才、复合型人才、创新型人才的培养。以国家级开发区、各类新型研发机构等为载体，加快形成高端创新人才集聚高地。支持企业设立博士后科研工作站和创新实践基地，鼓励青年创新人才进入企业开展科技攻关和技术转化，在专家选拔、高层次人才工程资助上对新经济领域人才予以重点支持。力争更多国家级、省级科技创新平台布局在企业，提高企业对高端人才的吸引力。

（二）大力培养专业人才

研究制定领域紧缺专业人才目录，在相关人才计划中给予重点支持。加大企业高层次人才引进力度，加强科技型企业家培养，优化企业家成长环境，着力培养一批科技型、复合型创新创业人才。探索建立产教融合、校企合作的人才培养模式，大力培养新型技能人才。建议参照中央国家机关对口支援赣州市18个县（市、区）的政策，建立中国科学院、中国工程院、中国农业大学等国家级科研院所、知名高校对口支援发展特色产业的机制，帮助赣州市加强人才引进培养、核心技术攻关、科研平台建设等。

（三）提升人才服务水平

围绕让各类人才引得进、留得住、用得好，畅通人才服务绿色通道。认真落实引进高层次人才绿色通道服务政策，在出入境和居留、户籍办理、工商、税务、金融、住房、海关、配偶随迁、子女就学、社会保险、职称评定等方面为引进人才提供快捷高效的服务。建立高层次人才联络员制度，用人单位要指定专人负责与培养、引进的高层次人才联系，及时了解他们在工作、生活中的

实际困难，并采取有效措施，切实予以解决。在各级政务服务中心设立"一站式"人才服务窗口，加强各类园区的人才服务中心和人才创业基地建设，做好各类社会人才的服务、协调工作。加大对人才中介服务机构的培育力度，鼓励各类社会力量在产业园区大力发展人力资源服务社会中介机构，逐步把政府人才服务机构中的经营性业务交给中介服务机构办理，加大政府购买人才公共服务力度。大力引进国内外知名猎头公司，拓宽各类人才发现、引进渠道，推动人力资源市场服务多元化、专业化和产业化。加快人力资源无形市场建设，整合各级人才服务信息网络资源，建设政府与企业、人才互联互通的"南方智库"，将其打造成国内具有一定影响力的人才网站。

五、以建设创新平台为载体，提高科技创新支撑能力

深入实施创新驱动"1122"工程、重点创新产业化升级工程、科技协同创新计划、重大科技专项行动计划，积极建设创新型城市。加强知识产权保护和运用，支持高校院所技术转移和创客新技术新产品的产业化发展，提高创新成果转化率。研究完善在线创意、研发设计、众创众包等新形态创新成果的知识产权保护办法。完善科技成果转化激励机制，建立健全知识产权质押登记公示系统，探索设立无形资产转让交易平台。

（一）提升自主创新能力

强化企业创新主体地位，支持企业以工程技术研究开发中心、技术中心、工程实验室、博士后科研工作站、院士工作站以及与高等学校、科研院所建立联合实验室等多种方式建设研发机构，大幅提高企业研发机构建设比例。积极争取承接国家重大科技项目，争取国家在工程技术研究开发中心、工程实验室、技术中心等项目申报上对赣州市适当放宽条件。积极争取国家部委和中国科学院的支持，力争"十三五"期间1~2项国家新建重大科技基础设施落户赣州。强化现有国家、省、市重点实验室的建设和提升，围绕稀土、钨新材料、生物医药等有较好基础的领域筹建江西省实验室和国家实验室。争取国家支持"稀土钨新材料国家重点实验室"和"新材料产业研究院"建设。

（二）助推产业转型升级

聚焦新一代信息技术、生物医药、高端装备制造、新材料、新能源与节能环保、新能源汽车等战略性新兴产业发展的重大科技需求，加强共性技术、关键技术、颠覆性技术研究。突破产业关键核心技术，实现核心技术从"跟跑"

到"并跑"再到"领跑"的转变，培育壮大一批创新型产业集群和龙头骨干企业。加快推动移动互联网技术、智能制造技术、绿色制造技术等高新技术向传统优势制造业渗透，通过科技创新支撑传统优势产业改造升级，推动赣州市成为具有重要影响力的产业创新中心。

（三）推动科技企业孵化器建设

鼓励支持赣州高校、科研院所投资建设孵化器，建设科技创业示范基地。支持企业投资建设覆盖产业创新链条的垂直孵化器。按照"基地+孵化器+基金+联盟"的推进模式，在新兴经济细分领域选择若干具有一定基础和条件的产业园区，规划建设一批新兴产业集聚基地和产业孵化器，培育一批新兴经济业态发展示范园区，成立一批产业投资基金，加快组建一批创业创新联盟。

（四）着力打造众创空间

促进众创平台专业化发展，鼓励发展混合所有制的孵化机构，支持有条件的民营科技企业搭建孵化器等创新平台。支持国有企业在人力资源管理方面进行创客化、平台化改造。支持办好创业大学、创客学院等新型平台，支持创客空间、创业咖啡、创新工场等新型众创空间发展，支持各类线上虚拟众创空间发展，推进基于"互联网+"的创新创业活动，为创新创业者提供跨行业、跨学科、跨地域的线上交流和资源链接服务。

六、以扩大开放合作为路径，培育开放型经济新动能

坚持内外需协调、进出口平衡、"引进来"和"走出去"并重、引资和引技引智并举，持续深化扩大对外开放与合作，积极培育对外开放新优势，提升开放型经济层次和水平。

（一）打造"一带一路"重要节点城市

对接国家"一带一路"倡议部署，利用好"赣州铁路口岸"和中国内陆口岸（江西）国检监管试验区，依托木材进口、家具产业集群、稀土钨产业集群等优势产业基础，积极在综合服务平台建设及经济区产业方面先行先试，将赣州国际港经济区建设为国家"一带一路"重要的陆港经济示范区。支持赣州港打造对接自贸试验区政策辐射的"试验田"，充分发挥赣州港在全面开放中的战略性窗口作用。

（二）规划发展"一纵一横"高铁经济带

紧抓昌赣深高铁、渝长厦高铁建设之机，布局和推进一批重大项目，促进人力、技术、信息、资本等生产资源和消费要素在沿线站点实现优化配置和集聚发展，进一步推动沿线地域资源开发、招商引资、产业结构调整、深化区域合作，打造连通南北、横跨东西的黄金隆起带。

（三）建设赣闽粤合作试验区

发挥赣州临港经济区毗邻广东、福建的区位优势，将赣州临港经济区发展成为对接赣闽粤区域合作试验区。加强与广东省河源市、福建省泉州市等地合作，探索"飞地园区"等模式，推动赣粤产业合作示范区、兴国赣闽产业园建设。加快"三南"承接加工贸易转移示范地产业园建设，推进"三南"（龙南县、全南、定南）"一区四园"合作共建。

（四）扩大开放合作新领域

加快创新开放合作，加强与著名高科技园区、企业间的合作。探索将外资研发机构纳入区域创新体系，支持外资研发机构实施或参与实施科技计划项目、组建或参与组建产业技术创新战略联盟。实施高端外资研发机构集聚计划，吸引知名大学、研发机构、跨国公司在赣州市建立区域性研发中心，争取国家支持国内知名院校在赣州市设立分校区。

第十二章
赣州市建设全国加工贸易承接转移示范地

随着中部省份承接东部产业转移的力度不断增加，赣州市积极承接沿海发达地区产业转移，加速战略性产业集聚发展，取得了显著成效。根据相关专题调研，加工贸易在促进赣州市产业升级过程中还存在一些问题，其中比较突出的是加工贸易的技术含量不高、技术转移效应不明显和产业配套能力不足，这说明了加工贸易在赣州市的发展还有巨大潜力，其积极作用还没有充分发挥出来。针对这些问题，本章探讨了加快加工贸易发展、促进赣州市产业升级的政策建议。

第一节　国内外加工贸易产业流动的特点

一、全球加工贸易产业流动的特点

《中华人民共和国海关加工贸易货物监管办法》（海关总署令第 219 号）中定义，加工贸易是指经营企业进口全部或者部分原辅材料、零部件、元器件、包装物料（以下简称"料件"），经加工或装配后，将制成品复出口的经营活动，包括进料加工、来料加工。

加工贸易是一种基于全球产业链、价值链分工与交换的生产方式，欠发达地区通过加工贸易不仅可以推动工业化进程，还可以通过与国际产业链"黏合"实现产业升级。自 20 世纪 50 年代始，全球范围内已完成三次产业转移浪潮，平均 20 年就完成一次大型的产业转移，目前正在启动第四次产业转移，并且随着经济全球化持续深化，越来越多的技术资金密集型产业正从发达国家向发展中国家转移，跨国公司开始对中国布局研发机构。

加工贸易是我国对外贸易和开放型经济的重要组成部分，对于推动产业升级、稳定就业发挥了重要作用。当前，全球产业竞争格局深度调整，我国经济发展进入新常态，加工贸易承接国际产业转移放慢，产业和订单转出加快，企业生产成本上升，传统竞争优势逐渐削弱。为适应新形势的要求，加快推动加工贸易创新发展，提高发展质量和效益，国务院于 2016 年 1 月出台了《关于促进加工贸易创新发展的若干意见》，加工贸易进入"创新发展阶段"。

二、国内加工贸易产业的形势和特点

（一）加工贸易产品小规模定制式生产增多

伴随着个性化消费意愿的日益强烈，产品小规模定制式生产将快速崛起。加工制造业各个环节广泛应用的互联网技术，将数字信息与生产制造之间的联系可视化，生产工艺与管理流程深度融合，使加工贸易企业逐步实现智能制造，这可以灵活判断出产品属性、生产成本、生产时间、物流管理、安全性等要素，从而为顾客提供最优化的产品定制服务。

（二）加工制造模式以网络化异地协同生产为主

信息技术的推广，使不同生产环节的企业之间可以实现信息共享，在全球范围内迅速发现和动态调整合作对象，从而整合企业间的优势资源，在研发、制造、物流等各个产业链环节实现全球分散化生产。

（三）加工贸易企业加快向跨界融合企业转变

随着越来越多信息技术企业参与制造环节，加工贸易企业逐步向跨界融合企业转变，从以传统的产品制造为核心逐步转向提供具有丰富内涵的产品和服务，直至为顾客提供整体解决方案，互联网企业与加工制造企业、生产企业与服务企业之间的边界日益模糊。

第二节　赣州市加工贸易产业发展现状

一、赣州市做好加工贸易的基础条件

（一）承接区位条件优越

赣州市地处赣粤闽湘四省交界区域，珠江三角洲经济区、海峡西岸经济区、

174

长株潭经济区、长三角经济区、皖江城市带、武汉城市圈的几何中心。赣州市是江西省的南大门，珠三角地区、厦漳泉地区的直接腹地、内地通向东南沿海地区的重要通道，加工贸易承接区位条件十分优越。

在陆路方面，赣州市距江西省会南昌市 423 千米，距广东省广州市 465 千米，距福建省厦门市 452 千米，与赣粤闽三省省会距离相近且位于三个省会的中心位置。在空港方面，赣州黄金机场是赣粤闽湘四省交界地区最大的民用机场，目前开辟国内航线 13 条。在海铁联运方面，赣州市与深圳港、广州港、厦门港、上海港均实现"海铁联运"，距离深圳港 517 千米、广州港 425 千米、厦门港 546 千米、上海港 1285 千米。

（二）综合资源丰富

在土地资源方面，赣州市国土面积 3.94 万平方千米，土地资源丰富，可供工业用地面积充足，能够满足加工贸易企业落户需求。在矿产资源方面，已发现的矿产有 110 种，钨、稀土、萤石等矿产资源丰富，素有"世界钨都"和"稀土王国"的美称。在劳动力资源方面，目前赣州市拥有劳动力 270 万人以上，本地 40 多所大中专院校、职业技校，每年可培养毕业生 20 万人以上。赣州市综合投资成本比周边地区总体低 5%~10%，拥有中部最佳投资城市、中国魅力城市、中国最佳投资城市等荣誉。

（三）承接基础设施改善

在"十二五"期间，昌赣高速铁路开工，高铁建设实现零的突破，赣韶铁路、赣瑞龙铁路建成通车，开通赣州市到厦门市动车，新增铁路运营里程 178 千米。高速公路通车里程达 1116 千米，新增 473 千米，建设改造国省道 2350 千米，实现县县通高速、通国道。电力总装机容量达 211.88 万千瓦，最大供电能力达 340 万千瓦，实现五年翻番。赣州市 500 千伏网架实现"三足鼎立"，220 千伏输变电站实现县县覆盖，所有县城实现 110 千伏双电源供电。

（四）承接产业规模壮大

赣州市是我国重要的加工贸易产业转移承接地之一。2007~2016 年，赣州市加工贸易进出口、出口、进口总量分别累计达 93.48 亿美元、64.03 亿美元和 29.45 亿美元，分别占同期全市进出口、出口、进口总量比重的 34.97%、28.85% 和 65.07%。截至 2016 年，赣州市加工贸易企业已达 298 家。赣州市加工贸易企业主要集中在电子信息、纺织服装、矿产品、食品和玩具等领域。其

175

中，电子信息和纺织服装企业数合计占赣州市加工贸易企业总量的 78.1%，贸易额合计占赣州市加工贸易企业贸易额总量的 65.7%。

（五）承接平台优势突出

赣州市在承接加工贸易转移平台基础方面具备突出优势，包括 1 个占地 4 平方千米的综合保税区（规划建设保税物流区、保税服务区、保税加工区和口岸作业区四大功能区）、4 个公共技术中心（脐橙工程技术研究中心、国家钨与稀土产品质量监督检验中心、国家家具产品质量监督检验中心、国家离子型稀土资源高效开发利用工程技术研究中心）、4 个国家级开发区（3 个国家经济技术开发区和 1 个国家高新技术开发区）以及 15 个省级重点园区①。赣州市拥有江西省首个综合保税区②，开通了至深圳、广州、厦门等地的"铁海联运"，同时拥有 2 个海关、2 个检验检疫局和 4 个外汇管理局，是广东省之外最早加入"粤港澳快速通关系统"的设区市，通关便捷。2016 年 10 月，国家口岸管理办公室同意"赣州铁路国际集装箱货场"作为临时口岸对外开放，且时效不限，直至作为一类口岸正式对外开放。

（六）政策支持力度大

国务院、江西省、赣州市各级政府近年相继出台一系列促进经济及加工贸易产业健康发展的政策文件。2013 年 1 月，财政部、海关总署和国家税务总局下发《关于赣州市执行西部大开发税收政策问题的通知》，明确规定赣州市鼓励类产业进口的自用设备免征关税，对设在赣州市的鼓励类产业减按 15% 的税率征收企业所得税。国家商务部、人社部、海关总署在内的 39 个国家部委对口支援赣州，为赣州市量身定制扶持政策，大大增加了赣州市承接产业转移的吸引力。《培育和建设"加工贸易承接转移示范地"实施方案》的出台，营造了良好的加工贸易政策环境。

---

① 15 个省级重点园区：江西赣州章贡经济开发区、江西信丰工业园区、江西大余工业园区、江西上犹工业园区、江西安远工业园区、江西定南工业园区、江西全南工业园区、江西宁都工业园区、江西于都工业园区、江西兴国经济开发区、江西会昌工业园区、江西南康经济开发区、江西崇义工业园区、江西寻乌工业园区、江西石城工业园区。

② 综合保税区是设立在内陆地区的具有保税港区功能的海关特殊监管区域，是目前国内功能最齐全、开放程度最高的区域。相比其他平台，综合保税区对加工贸易产业及相关企业的转移更加具备吸引力。

二、赣州市加工贸易的短板和形势

(一) 外部需求趋紧

以 TPP 为代表的新一代国际贸易规则对全球新一轮产业分工产生重大影响，正试图引领、控制全球产业布局的重新规划与调整。随着国际资源能源价格持续下跌，发达国家制造业成本明显下降，"再工业化"和"产业回归"进程加快，美国劳工部《制造业成本比较》报告称，在 2020 年前美国目前从中国进口的 10%~30% 的产品将改由本土生产。此外，主要货币汇率和大宗商品价格波动加剧，国际贸易潜在风险增大。

(二) 产业配套不完善

受长期以来交通不便、远离沿海口岸、加工贸易起步较晚等因素影响，与沿海发达地区相比，赣州市承接产业转移基础设施建设还存在不小差距，公共服务平台还不完善。

(三) 承接转移产业转入速度明显放缓

受劳动力、土地成本急剧上升等因素影响，以及加工贸易政策稳定性和连续性不够，加工贸易传统产业转入赣州市的步伐明显放缓。

(四) 区域竞争更加激烈

近年来，赣州市周边地区，以及东南亚地区、非洲地区凭借更低的劳动力成本，使赣州市原有比较优势和政策红利逐渐弱化甚至消失，加工贸易承接竞争日益激烈，企业外迁现象明显。

(五) 赣州市处于经济腾飞期，加工贸易产业成为重要路径

从经济发展阶段判断来看，赣州市刚刚跨过工业化发展初期阶段，具备了一定的工业基础积累。未来，赣州市将步入工业化中期加速发展阶段，加工贸易产业将成为经济腾飞的重要支撑。众多国家和地区，在历史上的这个阶段，例如日本、韩国等国家和地区，均是相继通过加入加工贸易大发展行列，走上了新型工业化之路，助推了经济腾飞。

第三节　赣州市发展加工贸易产业相关思考

一、相关建议

2012年6月公布的《国务院关于支持赣南等原中央苏区振兴发展的若干意见》，支持设立赣南承接产业转移示范区，推动赣州市"三南"（定南县、全南县、龙南县）有序承接东南沿海地区的产业转移，并要求推动开放合作，加强与珠三角等地区的经贸合作，建立以赣州经济技术开发区为核心，以"三南"至广东河源、瑞金兴国至福建龙岩产业走廊为两翼的"一核两翼"开放合作格局，并提供财政、金融、投资、产业、国土资源等高优惠力度的扶持政策。江西省为贯彻落实国家政策，于2013年出台的《江西省赣南承接产业转移示范区规划（2013—2020）》中，在"三南"（定南县、全南县、龙南县）设立承接加工贸易转移的示范地。

（一）深化行政审批改革

加强加工贸易准入管理，实行加工贸易禁止类、限制类商品目录动态管理机制，完善重点敏感商品加工贸易企业准入管理。总结广东省取消加工贸易业务审批和内销审批试点工作经验，全面取消赣州市加工贸易业务审批。

（二）加强事中事后监管

完善加工贸易企业经营状况和生产能力核查机制，督促企业强化安全生产、节能低碳、环境保护等社会责任。依托赣州海关电子口岸，加快推进商务、海关、检验检疫、税务、外汇等部门与加工贸易企业多方联网，实现部门联动。完善赣州市加工贸易转型升级成效统计和评价体系。

（三）推进监管模式改革

扩大区域通关一体化、通关作业无纸化、海关特殊监管区域（场所）"两单一审"业务等改革，全面推广实施"三个一"通关模式，进一步提高通关便利化水平。全面推行出口直放和进口直通，建立便利加工贸易企业成套设备进口的工作机制。改进监管方式，逐步实现以企业为单元的监管。强化加工贸企业分类管理，探索建立诚信守法便利和违法失信惩戒机制。对资信良好、信息透明、符合海关要求的企业，探索实施企业"自核单耗"的管理方法。加强对贴牌加工企业商标、商业秘密等知识产权保护和运用的规范、监督和指导。加大知识产权等相关法律法规培训力度，提高加工贸易企业知识产权保护意识。

（四）加强人才队伍建设

建立人才引进与培养机制，支持加工贸易企业吸引本地劳动力和外来务工人员，加大对企业员工技能培训扶持力度，积极引进高层次人才和高素质技术工人等人才。建立加工贸易企业与赣州市职业学校、高等院校、培训机构合作机制，建设实训基地，实行人才定向培养、联合培养。建立健全加工贸易重点发展区域人力资源供求长期合作机制。加强国际合作，引进海外中高端人才，为企业"走出去"培养本土化人才。

（五）加强宣传引导机制

由赣州市商务局牵头，组织全市各有关部门和县（市、区），充分发挥行业协会商会在政府、企业和行业之间的桥梁作用，加强加工贸易创新发展政策的宣传解读，发挥政策的支持引导作用，调动加工贸易企业参与的积极性和主动性，营造有利于加工贸易创新发展的舆论环境。及时宣传加工贸易创新发展新进展、新成效，形成良好的示范效应，引导加工贸易企业加快转型创新发展。

（六）完善评估监测机制

按照建设加工贸易承接示范地要求，明确任务及项目，编制年度工作计划。明确牵头部门、协助部门以及具体任务或项目内容和时间要求，动态监控评估规划的执行落实情况。建立加工贸易工作调度机制。按照"一月一调度，一季一通报"的原则，定期通报加工贸易工作动态。建立规划实施考核与激励机制，对实施部门进行绩效考核和评估。

（七）开展定南县建设加工贸易保税工厂的政策可行性研究

结合定南县发展加工贸易的条件和企业体量较小的现状，研究以"富士康模式"建立保税工厂的可行性，为加工贸易企业提供保税功能的生产场所。

（八）开展定南县建设赣州市（定南）综合保税区的政策可行性研究

结合赣州市综合保税区关检汇税等方面的政策优势及定南县作为"赣粤门户"的区位优势，研究在定南县设立赣州市（定南）综合保税区的可行性，使定南县能通过综合保税区分区的通道获得更优惠的加工贸易发展条件。

（九）开展定南县发展加工贸易的产业规划研究

定南县要实现加工贸易的快速发展，需要更新思维，以产业链的方式实现项目间垂直和横向的联系，增强加工贸易企业间的协作，以此降低加工贸易的成本，提升定南县加工贸易企业黏性，需结合定南县的现状、产业发展条件、资源禀赋、区位交通、市场需求等因素，确定重点发展的产业及产业集群。

（十）支持定南政策先行先试

将赣州市定南县作为中西部地区加工贸易创新发展的试验田，积极争取国家各项政策优先考虑在赣州市先行先试，条件成熟后在全国范围内进行推广。

二、拟向省级层面争取的项目

（一）推动建设一所技能学校

向上争取在赣州市建设一所上档次、有影响力的技能学校，满足承接加工贸易产业发展对劳动力的需求。

（二）建设赣粤边际区域性物流中心项目

充分考虑与广州、深圳、惠州等城市的交通枢纽、物流基地的衔接，对接融入其物流体系，以点连线、以线连片，形成与珠三角城市经济中心相适应的社会化、专业化、规模化的现代物流体系。

（三）在定南口岸作业区建设集装箱转运中心项目

结合定南国盛铁路实业有限公司现有铁路专线条件，支持建设集装箱转运中心，通过公铁联运、铁海联运强化与沿海港口的衔接，使之成为与发达地区乃至国际市场交流沟通的纽带，提升"三南"地区开放的层次和水平。

（四）争取设立赣州市（定南）综合保税区

通过设立赣州市（定南）综合保税区，推动与香港珠宝总商会的合作，打造以珠宝为特色的综合保税园。

第十三章
赣州市创建"中国制造2025"试点的思考

第一节　赣州市创建"中国制造2025"试点 示范城市的现状

一、特色产业集群优势明显

赣州市稀土和钨产业已经形成完整的产业体系，分离冶炼技术水平国内领先，产业规模已突破千亿元，占到全国同行业总量的1/3，钕铁硼磁材、发光、陶瓷材料等稀土新材料及应用产品在全国占有重要地位，生产能力分别占全国的20%、40%和50%，拥有中国南方稀土集团、崇义章源钨业股份有限公司等行业龙头企业。赣州市已成为全国最大的稀土和钨冶炼产品生产基地及重要的新材料产业基地。南康家具主营业务收入已突破千亿元大关，成为中国三大家具产业基地之一，拥有一个国家家具产品质量监督检验中心，打造了口岸、金融、喷涂、烘干、研发、展销、物流等全产业链公共服务平台，成功创建国家新型工业化示范基地。目前，南康现代家居研发城、现代家居制造城、现代港口物流城、现代家居营销城、家居特色小镇建设稳步推进，推动家居产品向品牌化、绿色化、定制化转型，实现"南康家具"向"南康家居"跨越发展。

二、战略性新兴产业发展迅猛

经过多年的积累，新能源汽车产业链条逐步延伸、发展势头良好。新能源汽车科技城累计平整土地3590亩，先后落户孚能科技（赣州）有限公司、台湾昶洧集团、山东凯马汽车制造有限公司等重大项目。孚能科技（赣州）有限公司拥有世界先进动力锂电池生产、技术研发能力，产品性能优越，16款车型进入国家汽车产品公告和推广目录。生物制药产业快速壮大，青峰药业成功创建"创新天然药物与中药注射剂国家重点实验室"，位居中国医药工业百强第52位。智能光电、智能终端、软件服务等电子信息产业初具规模，如研创光电研发的LED陶瓷共烧基板填补了国内空白、电子薄膜与集成器件国家重点实验室落户赣州、区域性云计算数据中心建设正稳步推进。

三、科技创新能力稳步提升

第一，科技创新平台和项目建设成效显著。2016年赣州市拥有国家级科技创新平台11个、省级科技创新平台30个、院士工作站4个、博士工作站3个、高新技术企业137家、省级以上企业技术中心（研发机构）54家，专利申请量、授权量均位居江西省第二。第二，科技成果转化和产业化提速显著。"弱磁性矿石高效强磁选关键技术及装备""铵盐体系白钨绿色冶炼关键技术及装备研究与产业化"项目分别获2014年度、2016年度国家科技进步二等奖，赣州市先进科技成果不断涌现。第三，创新创业氛围进一步浓厚。赣州市培育发展各级众创空间、科技企业孵化器、创业孵化基地78家，国家科技企业孵化器2个，省级科技企业孵化器6个，省级知识产权孵化中心1个，省级科技企业孵化器培育基地2个，省级众创空间11个，省级工程技术研究中心和重点实验室9个，所有指标均居江西省第一。

四、高层次人才不断涌现

赣州市是江西省高校最多最集中的城市之一，拥有本科院校3所、专科院校4所、具有学历教育招生资格中职院校38所，以及赣州有色冶金研究所为代表的一批科研机构，每年能培养各类专业技术人才8万多名，为先进制造业发展提供强大的人才支撑。目前，占地10000亩的职教园区正在建设当中，江西理工大学万林生教授、黄万抚教授均获得国家科技进步二等奖；"卢培文技能大师工作室"是江西省唯一在技工院校挂牌的技能大师工作室，赣州市的制造业发展有了强大的人才保障。

五、绿色制造有效推进

赣州市节能和资源综合利用水平跃上了新台阶，绿色制造得到了有效推进。第一，大力推进燃煤锅炉专项整治工程，2017 年赣州市中心城区（章贡区、赣州经济技术开发区）需淘汰每小时 10 蒸吨及以下的燃煤锅炉共 66 台。截至目前，已淘汰每小时 10 蒸吨及以下的燃煤锅炉 47 台，完成全年任务的 71.2%，在用燃煤锅炉 19 台。第二，积极推进国家级绿色工厂建设，目前江西于都南方万年青水泥有限公司、赣州市豪鹏科技有限公司均列入国家第一批绿色工厂示范名单。第三，工业循环经济发展水平进一步提升。全市大宗工业固体废弃物利用率达到 65% 以上。资源综合利用企业认定 43 家，年综合利用废弃资源总量达到 933 万吨，年综合利用产品产值达到 37.6 亿元。

六、品牌创建不断提升

赣州市有效注册商标总量从 2010 年的 2600 件上升至 2015 年 20000 件，增长了 6.7 倍，其中工业企业商标约占 2/3，排名江西省第二。"大澳""维平""吉祥百得""虔东稀土"等商标被认定为"中国驰名商标"。赣州市拥有工业企业驰名商标 7 件、江西省著名商标 186 件、赣州市知名商标 191 件。其中，南康区家具产业集群拥有注册商标近 2000 件，其中，驰名商标 3 件，江西省著名商标 58 件，赣州市知名商标 106 件，分别占全市的 33.33%、9.35%、14.32%。

七、两化融合深入推进

第一，智能制造发展成果显现。一批骨干企业采用信息技术对传统工艺流程、生产和经营模式进行改造，降低了成本，提高了效率。崇义章源钨业股份有限公司成为国家两化融合管理体系贯标试点企业，章贡经济开发区成为省级两化融合示范园区，赣州群星机械有限公司等 5 家企业成为江西省信息化和工业化深度融合第二批示范企业。第二，两化融合服务平台不断健全。兴国经济开发区等 7 个工业园区率先进行园区管理信息化平台建设试点，并协调各银行业金融机构在平台公布各项金融政策、劳动就业部门在平台发布招工用工信息。赣州钨业协会等也先后建立行业管理信息化平台，及时发布行业政策、市场需求等信息。通过公共信息化服务平台，为企业提供前瞻性指导服务。

第二节　赣州市创建"中国制造2025"试点示范城市面临的问题

一、创新能力有待提高

近年来，赣州市科技创新能力稳步提升，但与经济发达地区相比，还是存在科技创新能力不强，高新技术企业、工程技术研究中心、创新型企业、工业设计中心、科技企业孵化器等科技创新平台较少，科技对经济社会发展的支撑能力不足等问题，科技对经济增长的贡献率远低于发达地区水平。

二、产业发展层次低

工业总量小，赣州市主要指标占江西省比重1/10左右，仅为南昌市的一半左右。产业结构不合理，对传统资源性产业依赖性强，主导产业竞争力不强，稀土、钨新材料及应用产业也仅在前端环节具备较明显的竞争优势，但在后端应用领域发展滞后。工业经济效益偏低，主要效益指标居全省后列。产业聚集度偏低，同质竞争现象比较严重，"一县一产"的差异化协调发展格局远未形成。

三、高端人才匮乏

全面推进"中国制造2025"试点示范城市建设，人才是关键。第一，高端科技创新人才不足。赣州市在智能制造、服务型制造、互联网科技、新兴战略产业等方面缺乏高层次管理人才、创新人才和研发人才。第二，高端技能人才不足。目前，赣州市多数企业在实施智能化、数字化改造过程中，无法满足企业高端技术技能型用人需求。

四、企业自身投入不够

企业自主实施"中国制造2025"的能动性不足，受企业家自身素质、理念限制以及创新投资风险大等因素影响，企业创新意识薄弱，研发投入严重不足，研发水平偏低，赣州市90%以上企业的研发投入占其生产总值的比重远远低于1%，而且大多数所谓的研发投入仅用于购买设备，真正用于研发的经费较少。

第三节　创建"中国制造2025"试点示范城市的实施路径和具体举措

一、总体思路

为贯彻落实制造强国战略，加快赣州市制造业转型升级，提升制造业核心竞争力和可持续发展能力，引领资源型产业为主导的经济转型发展，明确了赣州市建设"中国制造2025"试点示范城市的总体思路和方向，即"聚焦一条主线、主攻两个定位、构建四大体系、建设五大基地、主攻十大细分领域"的总体思路，通过"实施六大重点工程"，全面推进示范创建工作。

（1）聚焦一条主线。打造资源主导型经济转型升级的试点示范城市。

（2）主攻两个定位根据《国务院关于支持赣南等原中央苏区振兴发展的若干意见》对赣州市产业的定位，努力建设全国稀有金属产业基地和先进制造业基地。

（3）构建四大体系。即"3+2"新型制造业体系、促进科技创新的区域协同创新体系、吸引人才集聚的人才培养体系和重视机制创新的政策保障体系。其中，"3+2"新型制造业体系为重点培育新能源汽车及配套、生物制药、电子信息产业三大战略新兴产业；做好稀土、钨为代表的稀有金属新材料及现代家具两大千亿级别传统产业转型升级。

（4）建设五大基地。即着力打造"两城两谷一带"，建设新能源汽车科技城、南康现代家居城、中国稀金谷、青峰药谷和赣粤电子信息产业带。

（5）主攻十大细分领域。即全力主攻稀土永磁与发光材料及应用、高性能钨粉体与硬质合金、新能源汽车整车及零部件制造、动力电池、智能光电及应用、智能终端制造、软件与信息服务、物联网、现代家具、药品及医疗器械制造十大细分行业。

（6）实施六大重点工程。即实施智能制造、服务型制造、制造业创新能力、质量品牌标准、制造业人才提升、绿色制造，全面推进传统产业转型升级及新兴产业培育壮大，大力提升制造业综合竞争力，推动赣州市工业经济快速发展。

二、实施举措

（一）加强组织领导

成立由市长为组长、市政府有关部门、市直有关单位主要负责人为成员的赣州市推进"中国制造2025"工作领导小组，负责组织开展试点示范建设全局性工作，协调解决试点示范城市建设中的重大问题和共性困难，指导各地、各部门试点示范城市建设工作。同时，各县（市、区）和市政府有关部门（单位）要建立相对应的工作机制，对接全市试点示范城市建设总体目标和任务，推动本区域试点示范工作的有效开展。

（二）加紧政策实施

加紧完善《赣州市建设"中国制造2025"试点示范城市实施方案（征求意见稿）》，并报市政府批准下发，提升全市对推进"中国制造2025"创建试点示范城市的指导性和方向性作用。同时，从发展目标、财政、金融、人才支持、任务分解、责任单位以及配套政策保障等方面着手，研究编制十大细分主攻领域和六大重点工程三年攻坚计划等16个政策文件，推进十大细分行业发展和六大重点工程建设，为全面推进"中国制造2025"试点示范城市建设提供强有力的政策支持保障。

（三）汇聚多方智力

成立由政府部门、国内外院士、专家和社会智库组成的赣州市推进"中国制造2025"战略委员会，对制造业重大决策提供咨询评估。强化与国家制造强国建设战略咨询委员会沟通对接，恳请能够在赣州市设立国家制造强国建设战略咨询委员会赣州分会，对赣州市制造业发展中的战略性、前瞻性和系统性问题进行研究，提供智力支持，补足赣州市高端人才匮乏、创新能力不足的短板问题。

（四）统筹整合资金

支持财政资金聚焦试点示范城市建设重点项目和工程，对市政府有关部门工作目标相近、资金投入方向类同、管理方式相似的财政资金进行统筹整合，形成"中国制造2025"专项资金，重点支持十大细分主攻领域发展和六大重点工程建设。同时，加强"中国制造2025"专项经费的财政预算，向科技研发、技术改造和成果引进转化等方面倾斜。

（五）强化考核评估

围绕"创新驱动、质量效益、两化融合、绿色发展"四大指标，建立试点示范城市建设专项考核评价体系，强化目标责任落实和动态评价督查，不定期开展各县（市、区）"中国制造2025"工作推进情况的考核评价，对试点示范创建情况定期进行通报，形成各县（市、区）建设"中国制造2025"试点示范城市的"比学赶超"和"竞相发展"的良好态势。

（六）推动试点示范

支持各县（市、区）、各部门申报国家级、省级"中国制造2025"有关领域的试点示范项目。全市各级政府部门围绕产业培育升级、科技创新与成果转化、制造业创新中心建设、人才引进与培养等重点领域开展试点示范，市级部门要制订试点示范重点任务工作方案，支持和指导各县（市、区）开展专项试点工作。各县（市、区）要制订试点示范任务工作方案，聚焦人力、物力、财力等各种资源推动试点示范工作取得成效。

（七）加强宣传引导

邀请国家工业和信息化部、国家制造强国建设战略咨询委员会、中国电子信息产业发展研究院专家，对赣州市相关部门、县（市、区）主要领导开展"中国制造2025"专题培训，组织重点企业管理人员进行智能制造、服务型制造、绿色制造、创新能力提升以及质量品牌提升等专题培训，积极推进各县（市、区）开展"中国制造2025"巡回宣讲活动，筹建赣州市创建"中国制造2025"主题展馆。同时，加强对赣州市试点示范城市建设的舆论宣传力度，在市级主要媒体设立专栏专题，持续宣传报道相关政策以及典型案例，构建亲商、重商、扶商的良好环境，营造全市支持制造业发展的良好氛围。

第四节 加快创建"中国制造 2025"试点示范城市需向上争取的政策和事项

一、支持赣州市打造全国工业互联网应用示范区

工业互联网是新一代信息通信技术与现代工业技术深度融合的产物，是制造业数字化、网络化、智能化的重要载体，正成为全球产业布局新方向，成为制造业转型升级的重要推动力，也是全球新一轮产业竞争的制高点。我国工业互联网建设处于起步阶段，全国各地都处于同一起跑线，赣州市作为红色革命老区，工业基础薄弱、人才匮乏、创新能力不足，其实这也是中西部地区发展的"通病"，赣州市要通过"中国制造 2025"试点示范城市建设来实现突破，就必须高举工业互联网大旗，牢牢把握工业互联网发展窗口期，抢占基于工业互联网平台的制造业生态发展主动权和话语权，为"中国制造 2025"提供"赣州经验"和"赣州方案"。

要积极推动赣州市工业互联网建设，支持赣州市发展软件和大数据产业，在顶层设计、规划布局、政策引导、试点示范等方面加强指导和支持。促成中国电子信息产业发展研究院、中国信息通信研究院等与江西理工大学合作共建工业互联网研究院。推动中央国家机关及有关单位在赣州市建设数据备份中心和大数据应用中心，支持赣州市打造赣粤闽湘四省区域性云计算数据中心和服务全国的数据灾备中心。

二、支持赣州市建设稀土新材料创新中心

赣州市已形成从地质勘探、矿山采选、冶炼加工、产品应用到检测检验、研发设计的稀土完整产业链，是国内最大的稀土产品加工基地。《国务院关于支持赣南等原中央苏区振兴发展的若干意见》赋予赣州市五大战略定位，"全国稀有金属产业基地"即为其中之一，并指出要"建设具有较强国际竞争力的稀土、钨稀有金属产业基地"。

要支持中国稀金（赣州）新材料研究院的基础上，分别于稀土功能材料领域（高端稀土永磁及其元器件开发创新中心）和资源综合利用领域（尾矿高附

加值利用创新中心）建立国家制造业创新中心，恳请国家部委、相关科研院所，在技术、人才、管理等方面及在国家新材料重大专项中予以倾斜支持。

三、支持赣州市建设全国绿色转型发展示范区

2016 年 2 月习近平总书记在视察江西省时明确提出，绿色生态是江西最大财富、最大优势、最大品牌，一定要走出一条经济发展和生态文明水平提高相辅相成、相得益彰的路子，打造美丽中国"江西样板"。赣州市有"生态王国""绿色宝库"之美誉，必须坚定不移走"绿、富、美"并进的绿色发展新路子。

要按照《国务院关于支持赣南等原中央苏区振兴发展的若干意见》对赣州市建设"全国稀有金属产业基地、先进制造业基地"战略定位，充分考虑赣州市资源型产业转型发展的紧迫性和重要性，大力支持赣州市建设全国绿色转型发展示范区。将稀土、钨等赣州市特色优势产业纳入国家绿色制造系统集成重点支持领域，并在申报条件上给予政策倾斜，支持赣州市绿色制造体系建设。

第十四章
矿山整治及资源枯竭型城市转型实践
——以龙南县为例

第一节　关于龙南县矿山整治的情况

一、龙南县矿山现状

龙南县矿产资源丰富，已探明的矿种有40多种，其中稀土、煤、石灰石等储量丰富，离子型重稀土储量占全世界矿产的70%，其质量和储量均居世界首位，具有"中国重稀土之乡"的美称。

2015年，龙南县矿山企业总数68家，由部省级发证矿山企业16家，市发采矿权证的矿山企业15家，县发采矿权证的矿山企业37家。大中型矿山数量所占比例为19.12%，小型矿山数量所占比例为80.88%。按矿山产出产品分类，有采掘矿山企业57家、采选矿山企业5家、采选冶矿山企业4家、矿泉水地热开采企业2家，如表14-1所示。

表14-1　龙南县矿山企业基本情况

项目	发证部门		矿山企业类别				
	省厅市	县	采掘	采选	采选冶	地热	矿泉水
数量（家）	31	37	57	5	4	1	1
占比（%）	45.59	54.41	83.82	7.35	5.88	1.47	1.47

2015年龙南县生产型矿山30座，开采总量为303.83万吨，其中采选冶矿

山（稀土）年产矿石量 89.42 万吨，采选矿山（钨矿）年矿石产量 0.35 万吨，采掘坑山（煤炭）年产矿石量 8.31 万吨，其他采掘露采矿山年产矿石量（非金属）214.02 万吨，资源储量逐年减少，地热、矿泉水等液体矿产处于停产状态。

目前，龙南县矿山存在的主要问题：①小型矿山经营粗放，在一定程度上制约了矿业的整体发展和经济效益的提高。②矿产资源储量的消耗大于增加量，供需矛盾日渐突出，后备资源紧缺。③矿山生态环境问题愈来愈突出，由于在产开发过程中，忽视对矿山生态环境和地质地貌自然景观的保护，造成了矿山生态环境破坏和环境污染等问题。

二、龙南县矿山整治的紧迫性

自改革开放 40 多年来，龙南县虽然为国家的经济建设提供了资源保障，做出了巨大贡献。但限于当时的技术条件，矿山前期开发采用较为落后的生产工艺，长期处于一种小规模、低水平、高分散、高污染、高浪费的粗放状态，致使矿区及矿区周边的生态环境受到严重破坏。

矿山地质环境现状及主要环境问题有：露天采场及相关设施侵占土地农田，破坏植被，造成水土流失，河道淤塞；大量尾砂的不规范堆积和排放，易诱发崩塌、滑坡、泥石流等矿山次生地质灾害，地下开采易诱发地面塌陷灾害，存在较大的安全隐患；矿山使用大量化学药剂污染土地及水体，河道污染使矿山及周边生态环境严重恶化且治理困难。

（一）矿山开采侵占大量土地、植被遭受严重破坏

据不完全统计，龙南县稀土矿区内植被遭受破坏的面积达到 12000 余亩，400 多亩农田被废土尾砂冲积覆盖成荒草地。土地功能均有不同程度下降，水土流失现象极为严重，矿区生态环境急剧恶化。

（二）矿区大量的弃土尾砂堆积易诱发"崩滑流"地质灾害，存在各类安全隐患

龙南县稀土矿自开采以来，因采用露天开采、池浸选矿的方式，加上尾砂的不合理沿沟谷随意散乱堆放，总堆积量达 1660 余万立方米，矿山原有治理工程损毁或已超期服务。在暴雨诱发下易形成"崩滑流"灾害。据不完全统计，矿区已发生崩塌、滑坡 96 处，为泥砂流的发生提供物质来源，严重影响了矿区人民的生命财产安全。

（三）矿山排水引起的水土污染，严重危害人民身体健康

矿区环境污染问题主要体现在两个方面，一方面由于原矿床砂土中所含的有害元素在浸取稀土过程中的富集作用，致使土壤、水体受到一定程度的污染；另一方面由于在矿山浸矿、选矿生产过程中所使用的浸矿剂、沉淀剂及选矿药剂的渗漏排放等致使土壤、水体受到严重的污染。由于土壤及地表水污染严重，致使矿区下游乡镇的 3 万多人口日常饮水、生产用水受到影响，4000 多亩农田因灌溉用水受到污染而减产或绝收，严重制约当地农村经济发展，加剧了周边生态地质环境的恶化。

三、龙南县矿山整治取得的成效

（一）废弃矿山治理

自 20 世纪开矿以来，龙南县高度重视矿区环境治理工作，现已累计向上争取地质环境治理项目 5 个，争取中央资金 11370 万元，地方配套资金 4500 万元。龙南县废弃稀土矿区治理总面积为 8.04 平方千米。其中，已完成治理面积 5.23 平方千米（包括矿管部门治理面积 2.58 平方千米，国土部门地增减挂复钩拆旧复垦治理面积 1.10 平方千米，安全生产监督管理部门无主尾矿库治理面积 1.55 平方千米）；正在治理面积 1.33 平方千米（龙南县足洞河流域废弃稀土矿二期治理工程）；未治理面积 1.48 平方千米（已列入山水林田湖治理项目——龙南县废弃矿区治理及生态修复工程开始治理）。通过治理确实消除了滑坡、崩塌、泥（石）流、地面塌陷等地质灾害隐患，既确保了周边群众的生命财产安全又给龙南县提供了充足的工业企业用地。

（二）关闭污染严重矿山企业

长期以来，龙南县"玉石仙岩"景区被多家采石场、石料加工厂包围，景区周边到处堆放着各种石料，粉尘污染严重，附近的建筑、车辆都被一层厚厚的粉尘覆盖，犹如下过一场"石灰雪"。结合全域旅游县建设，整治风景名胜区周边矿山环境，玉石仙岩是体现阳明文化的一个历史遗迹。龙南县按照《龙南县玉石仙岩周边区域 5 家采石场整治退出工作实施方案》，开展玉石仙岩整治工作，体现了人民意愿，是改善生态环境、保护历史文物、推进全域旅游的需要，各责任单位纷纷组织工作人员深入采石场，将评估结果向采石场反馈，积极做好洽谈补偿事宜。工作人员始终坚持依法依规、有序推进，讲究方式方法，

做到公开公平公正，如期高效圆满的完成了整治退出工作。

（三）规范开采，绿色开采

虽然稀土开采加工是龙南县支柱产业之一，但为了生态环境，龙南县已对全县稀土矿山关停整治，今后稀土矿山的生产严格按照上级工艺、环保要求，严格控制规模，矿山验收达标后才能进行复产。

四、龙南县矿山整治面临的困难

龙南县矿山整治行动已形成广泛共识，并且已把这种共识落实在了行动之中，但工作中也确实面临着一些困难。

（一）关停整治矿山对县财政的影响较大

在稀土矿山生产期间，平均每年给县财政贡献 1/3 的财政收入，现在关停整治期间，该项收入几乎为零。

（二）矿山整治关停退出工作难度大，增加不稳定因素

矿山企业在经济利益面前不理解关停整治政策，在思想上存在抵触情绪。有的矿山还在开采有效期内，生产投入大，还有剩余资源储量，补偿达不到预期，因而抱团抵抗，制造不稳定因素。

（三）矿山整治成本高，资金缺口大

一般矿山经开采后高低不平，有残垣断壁，也有凹陷深坑，需要削减坡度、降低标高、回填整平等，如改造成林地、园地或耕地还需大量回填黏土，开沟造渠修路，资金投入量大。同时对持证矿山关停的补偿也非常巨大。

五、龙南县矿山整治建议

（一）规划引领，有序推进

《龙南县矿产资源总体规划（2016—2020 年）》已报批，在该文件的框架下，有效促进了矿产资源管理工作的规范化、科学化。优势矿产和实施保护性开采矿种的开采总量得到一定程度的控制，矿产资源开发利用的集约化和综合利用程度得到提高，矿产资源有偿使用和市场化配置全面推进，部分矿山环境问题得到有效治理。《煤矿关闭规划》《矿业权设置规划》《省生态保护红线》等涉及矿产资源开发利用活动的相关行业规划，应当与《规划》做好衔接。

（二）提高认识，统一推进

第一，明确责任，抓好落实。要把环境修复保护作为矿山整治工作的重中之重，抓紧制定矿山生态环境保护规划和分期治理实施方案，相关部门要统一思想、统一推进。第二，强化领导，部门联动。成立矿山整治及生态修复指挥部，明确成员单位及有关乡镇、村的工作职责，建立相关制度，做到既分工又合作。

（三）综合评估，稳步实施

要依法进行评估、可行性论证，广泛征求相关部门意见，让群众有意愿参与进来，形成监督机制。

第二节　关于龙南县资源枯竭型城市转型发展的思考

一、国内资源枯竭型城市转型发展案例

铜陵市位于安徽省南部、长江中下游南岸，面积 3008 平方千米，常住人口170 万人，是全国典型的资源型城市。自 2009 年列入国家第二批资源枯竭城市以来，铜陵市已连续三年获得国家资源枯竭城市转型绩效考核优秀。

首先，以经济转型加快新兴产业发展。①坚持以产业延伸和产业替代相结合构筑现代产业体系。在改造、提升传统优势产业的同时，做优、做新战略性新兴产业。②坚持以科技创新推进产业向中高端演进，加强与高校科研院所合作。③坚持以抓园区抓项目为手段推进经济加快转型。先后创建 2 个国家级开发园区、3 个省级开发园区和 1 个省级承接产业转移示范园区。④坚持以精准招商和产业链招商承接产业转移。围绕印制线路板（Prinled Circuit Board，PCB）产业、先进制造业等成功引进一大批有重大集聚能力的新兴产业项目。

其次，以体制转轨全面优化投资营商环境。①扎实落实供给侧结构性改革重点任务。②持续推进政府管理体制改革。③加快培育发展民营经济。④健全发展长效机制。

再次，以环境转优促进城市绿色转型。推进老工业区搬迁改造，实施环境综合整治和产业升级，实施矿山、裸露山体治理。

最后，以解决历史遗留问题提升群众获得感。先后实施多个棚户区改造项目，解决企业老年临时工基本养老保障问题、地方政策性关闭国有企业退休人员和依法破产企业退休人员基本医疗保险问题。以政策为杠杆促进就业创业，免费培训下岗失业人员、农民工，开发公益性岗位，对下岗职工实行了兜底政策。

二、龙南县开展资源枯竭型城市转型发展的必要性

龙南县是典型的"先城后矿式"有色（金属）类资源型城市。自 20 世纪 70 年代，稀土产业一直是龙南县的支柱产业。龙南县稀土具有 3 个世界之最，即世界最早发现的新类型稀土矿区、重稀土总量及配分中氧化钇含量最高、单个矿床探明储量居世界最大。1970～2015 年，足洞稀土矿区累计开采重稀土约 8.4 万吨，占据了龙南县已探明重稀土储量的 73.06%，这些宝贵的资源被源源不断地运往全国各地，广泛应用于稀土发光材料、永磁材料、重型装备铸造和环保材料等领域，为我国国防和经济建设做出了巨大贡献。但同时也给地方的可持续发展带来了一系列的突出矛盾和问题，转型发展迫在眉睫。

（一）经济对资源的依赖严重

多年来，龙南县的经济发展严重依赖于稀土资源的开采加工，形成了典型的"一矿独大"经济，易受政策、市场的影响，增收基础脆弱。

（二）生态环境破坏严重

2015 年末，足洞稀土矿区约 7.66 平方千米的植被被破坏，废石、尾砂累计积存达 2766 万吨。矿区下游河道严重受淤，泄洪能力明显不足，下游 1000 多亩农田常年受淹。土壤及地表水污染严重，致使矿区下游乡镇的 3 万多人口日常饮水、生产用水受到影响，4136 亩农田因灌溉用水受到污染而减产或绝收。

（三）就业和社会保障压力增大

随着稀土资源的日益枯竭，一批企业面临关闭、破产，矿区从业人员的医疗保险、工伤保险问题开始显现。失业、伤残人员日益增多，社保负担沉重。

（四）基础设施建设滞后

工业园基础设施建设相对滞后，影响接续替代产业的培育。目前龙南县已经在废弃稀土矿区规划建设电子信息产业科技城、中国稀金谷、东方香谷小镇等替代产业接续平台。但受自身财力所限，园区土方平整、道路、给排水等基础设施建设滞后，影响企业入驻信心。

三、龙南县开展资源枯竭型城市转型发展探索成效

近年来，龙南县牢固树立创新、协调、绿色、开放、共享的发展理念，以足洞稀土矿区列入全国独立工矿区改造搬迁工程为契机，大力推进矿区转型发展。重点围绕人的问题、环境问题和产业发展的问题，着力解决矿区群众住房、教育、养老、医疗等基本公共服务需求，持续改善矿区地质环境、水环境和道路交通环境，积极搭建产业转型发展平台，不断增加群众收入。在矿区移民搬迁、矿山治理、产业转型等方面取得了一系列的成效。

（一）坚持民生优先，推进矿区移民搬迁

为让矿区群众"搬得出、稳得住、能致富"，龙南县启动建设了东江新城区保障性住房（移民避险搬迁项目），该项目总建筑面积30.5万平方米，其中住宅建筑面积23.4万平方米，共2278套，其中一期总建筑面积77802平方米，房屋总套数1252套。

该项目主要有以下三个特点：第一，户型多，可满足不同需求。规划多层房17栋，高层电梯房16栋，设计60平方米、90平方米、110平方米、120平方米4种户型。第二，位置好，可促进就近就业。该项目位于矿区新圳工业园区内，附近有各类工业企业近70余家。第三，价格低，可减轻搬迁负担。针对矿区搬迁改造户，以远远低于市场价格进行销售，房屋预售按均价2800元/平方米、最低限价2500元/平方米、最高限价3000元/平方米（目前市场均价约5000元/平方米）进行销售。有效实现了移民集中转移安置与新型工业化、新型城镇化的有机结合，搬迁群众就业与园区用工需求无缝对接。

（二）坚持生态为重，推进矿山恢复治理

按照"宜耕则耕、宜林则林、宜工则工、宜水则水"的原则，积极探索矿山生态治理新模式，启动实施废弃矿山地质环境治理工程、工矿废弃地复垦利用工程、拦砂固砂工程和无主尾矿库隐患综合治理工程。在江西省率先启动实

197

第十四章 矿山整治及资源枯竭型城市转型实践——以龙南县为例

施稀土废弃矿山复垦示范点建设，在矿区实施边坡草袋土护坡工程，通过种植桉树、葛藤、草籽等方式实现了矿区的复绿，并利用矿区废弃地拓展承接产业园区近1000多亩，有效提高了土地利用效率。采取"逢坑必筑坝，大坝套小坝，层层拦截"的方式实施拦砂固砂工程，创建了稀土矿区治理水土流失的"龙南模式"。加快对11座稀土无主尾矿库隐患综合治理，全面消除了稀土无主尾矿库的安全隐患。据统计，足洞稀土矿区废弃矿山水土流失治理程度达80%以上，矿区内河流尾砂淤积量减少80%，矿区内林草覆盖面积占宜林宜草面积的80%以上。

（三）坚持集群发展，推进产业转型升级

积极抢抓赣南苏区振兴发展和沿海产业转移重大机遇，在市委、市政府主要领导的关心支持下，以矿区承接产业园区（新圳工业园拓展区）为主平台，启动建设了赣州电子信息产业科技城，着力打造赣粤电子信息产业带核心区。赣州电子信息产业科技城总体规划13.7平方千米，项目总投资200亿元。现已完成了7000亩建设用地的"七通一平"等基础设施建设，成功引进江西优信普科技有限公司、江西志浩电子科技有限公司、赣州市比邦数码科技有限公司、龙南骏亚数字技术有限公司等22家电子信息企业落户，形成了从线路板—电子元器件—智能电子设备的产业链条。同时，按照"近期建园、远期建城"的产城融合发展理念，在该科技城中心区域规划了行政办公、商业娱乐、广场及休闲山体公园等配套设施建设。该项目建成后，矿区将形成一个可持续、高标准的宜产宜业的生态型产业科技城，成为矿区发展的增长极。

四、龙南县开展资源枯竭型城市转型发展面临的困难和问题

近年来，虽然龙南县在探索开展资源枯竭型城市转型发展中取得了一定成效，但由于龙南县底子薄，长期处于后发展、欠发达状况，县级可用财力有限，历史欠账仍然较多。第一，生态环境恢复缓慢。受稀土开采搬山运动、原地浸矿影响，境内矿区植被破坏严重，仍有近20%的矿山未实现复绿，水土流失严重，沉积的尾砂未得到有效控制，矿区水污染严重。监测显示，废弃稀土矿山流出的水体氨氮浓度仍高达82.6毫克/升。第二，产业转型升级困难。矿区内的电子信息产业园、中国稀金谷、东方香谷小镇等接续替代产业园区承接产业转移能力不强，土方平整、园区路网、供水、供电、污水处理、通信网络及标准厂房等"硬件"设施建设滞后，从而导致电子信息、食品药品等接续替代产业发展缓慢。第三，民生保障能力欠缺。教育、医疗、卫生、养老等公共服

务配套能力不足，无法满足矿区群众和园区企业职工的需求。

五、龙南县推进资源枯竭型城市转型发展的建议

推进资源枯竭型城市转型发展，必须牢固树立创新、协调、绿色、开放、共享发展理念，坚持以问题为导向，着力保障居民生活基本条件，创优产业发展环境。

（一）探索开展生态修复新模式

将龙南县足洞稀土矿区生态环境修复治理工程列入省级以上矿山恢复治理试点，支持和鼓励国内高校、科研机构开展矿山恢复、尾砂处理、流域治理、植被修复等课题研究，探索形成可复制、可推广的稀土矿山治理经验。

（二）支持发展产业转型升级新模式

将"三南"（全南县、龙南县、定南县）产业园区一体化发展工作上升至省级以上层面，推动区域性产业园区共建、共享。加大对园区基础设施、科技研发的支持力度，探索开展园区基础设施建设、招商引资、利税分配新模式。

（三）加大民生保障力度

倾斜安排专项资金用于建设矿区医疗、卫生、养老、教育等公共服务设施。

参考文献

［1］艾民，韩怀玉. 我国新能源汽车产业发展的国际比较——基于"钻石模型"的分析［J］. 工业技术经济，2011（11）：146-154.

［2］抄佩佩，高金燕，杨洋，等. 新能源汽车国家发展战略研究［J］. 中国工程科学，2016（4）：69-75.

［3］陈淮. 工业化——中国面临的挑战［M］. 北京：中国人民大学出版社，1993.

［4］邓耀明，邓儒钧. 关于实体经济发展中的困境与出路抉择——以赣州市为例［J］. 金融教育研究，2012（4）：52-59.

［5］丁峰. 加速推进产业转型升级——关于南康家具产业发展的调研报告［J］. 理论导报，2014（1）：24，29.

［6］董毅. 开启现代家居城建设的华美篇章［N］. 赣南日报，2018-01-04（005）.

［7］董正. 产业链上下游深度对接供需双方互利共赢——中国印染行业协会印花分会带领服装印花企业走进乐友孕婴童［J］. 中国纺织，2017（9）：117.

［8］杜美玲. 宁都县食品生产加工行业协会基本情况［EB/OL］. 赣州企业信用网，https：//www. xy0797. org/page37？article_id=8217，2019-01-31.

［9］方书生. 近代中国工业分类研究［J］. 中国经济史研究，2016（4）：115-126.

［10］葛利红，姜才凤，刘耐冠，等. 赣州市经济发展阶段判断研究：方法、实证以及特征描述［J］. 南昌航空大学学报（自然科学版），2015（3）：82-90.

［11］顾惟雨，刘娥. 改革开放40年江西工业发展的历程与特点［J］. 老区建设，2018（24）：13-15.

［12］郭峰，沈针，徐力勇，等. 赣州低碳工业发展影响因素研究［J］. 智库时代，2018（38）：174，177.

［13］郭克莎. 中国工业发展战略及政策的选择［J］. 中国社会科学，2004（1）：30-41.

［14］郝欣.文化创意产业与食品加工业融合发展研究［J］.中国商论，2019（8）：218-219.

［15］胡登峰，王丽萍.论我国新能源汽车产业创新体系建设［J］.软科学，2010（2）：14-18.

［16］黄小卫，李红卫，王彩凤，等.我国稀土工业发展现状及进展［J］.稀有金属，2007（3）：279-288.

［17］季凯文.产业集群发展阶段判断及其路径选择——以江西14个工业重点产业为例［J］.江西科学，2015（6）：944-949.

［18］江西赣州纺织服装产业从"制造"走向"智造"［EB/OL］.全球纺织网，https：//www.tnc.com.cn/info/c-001001-d-3674139.html，2019-03-14.

［19］江西省人民政府关于印发江西省"2+6+N"产业高质量跨越式发展行动计划（2019—2023年左右）的通知［EB/OL］.江西省人民政府网，http：//www.jiangxi.gov.cn/art/2019/3/26/art_4968_670563.html，2019-02-26.

［20］金碚，吕铁，邓洲.中国工业结构转型升级：进展、问题与趋势［J］.中国工业经济，2011（2）：5-15.

［21］金碚.2011中国工业发展报告——中国工业的转型升级［M］.北京：经济管理出版社，2011.

［22］金煜，陈钊，陆铭.中国的地区工业集聚：经济地理、新经济地理与经济政策［J］.经济研究，2006（4）：79-89.

［23］李大元.低碳经济背景下我国新能源汽车产业发展的对策研究［J］.经济纵横，2011（2）：72-75.

［24］李珲，战建华.中国新能源汽车产业的政策变迁与政策工具选择［J］.中国人口·资源与环境，2017（10）：198-208.

［25］李晶.基于产业分类的临港产业范围探讨［J］.中国水运（下半月），2013（2）：49-50.

［26］李玉菁，危佳，丁一.赣州市特色产业集群分析［J］.合作经济与科技，2017（2）：32-34.

［27］李祖光.赣县区食品加工业快速发展［EB/OL］.凤凰网，http：//www.jx.ifeng.com/a/20170213153833365_0.shtml，2017-02-13.

［28］梁根琴.赣州市战略性新兴产业发展研究［J］.科技经济市场，2017（10）：98-99.

［29］林雪华.我国工业经济发展现状及相关对策建议［J］.现代工业经济和信息化，2018（3）：8-9.

［30］刘家喜.转型升级的南康家具产业［J］.当代江西，2015（10）：12-13.

［31］刘晓梅. 赣州市推进经济转型升级策略探析［J］. 山西农经，2018（20）：14-15.

［32］栾秀云，赫荣亮. 工业经济发展的区域差异分析［J］. 商业研究，2006（24）：208-210.

［33］孟斌，王劲峰，张文忠，等. 基于空间分析方法的中国区域差异研究［J］. 地理科学，2005（4）：11-18.

［34］农副产品加工业存在的一些问题［EB/OL］. 新鲜食材配送专家，http：//www. shkangxian. com/ews/356. html.

［35］邱小云，贾微晓. FDI、产业转移和就业联动变化——以江西省赣州市为例［J］. 江西社会科学，2018（8）：77-86.

［36］邱小云，彭迪云. 苏区振兴视角下产业转移、产业结构升级和经济增长——来自于赣州市的经验证据［J］. 福建论坛（人文社会科学版），2018（2）：160-165.

［37］任海英，程善宝，黄鲁成. 区域新兴技术产业化的系统动力学研究——以新能源汽车产业为例［J］. 科技进步与对策，2010（13）：39-43.

［38］任江华. 南康：打造千亿级家具产业集群［J］. 中国品牌，2014（8）：60-62.

［39］石城县品牌企业不断集聚　鞋服产业快马扬鞭［EB/OL］. 全球纺织网，http：//www. tnc. com. cn/info/c-001001-d-3600135. html，2017-01-18.

［40］石城县与新加坡鸿豪国际投资有限公司举行鸿豪产业园联盟项目签约［EB/OL］. 石城党务公开网，http：//www. scdw. gov. cn/n632611/n632613/c21833821/content. html，2018-09-18.

［41］石城县：做强首位产业引领企业发展—市县动态—中国江西省人民政府［EB/OL］. 企查查，https：//www. qichacha. com/postnews _ 7ee0146 e6bd5f4d0b703cb77406c36c7. html，2018-09-11.

［42］"时尚于都"尽显魅力　江西于都打造纺织服装首位产业［EB/OL］. 凤凰网，http：//jx. ifeng. com/a/20180706/6706578_0. shtml，2018-07-06.

［43］实现三年翻番后，于都纺织服装产业今后三年还要再翻番［EB/OL］. 全球纺织网，https：//www. tnc. com. cn/info/c - 001001 - d - 3673034. html，2019-03-04.

［44］"世界橙乡"江西赣州2018年脐橙产量或达116万吨［EB/OL］. 中国新闻网，https：//baijiahao. baidu. com/s? id = 1617285043973962805&wfr = spider&for=pc，2018-11-16.

［45］宋洪远，赵海. 同步推进工业化、城镇化和农业现代化面临的挑战与

选择［J］. 经济研究参考，2012（2）：135-143.

［46］汤莉. 我国纺织服装工业亟须释放创新活力［N］. 中华合作时报，2018-11-09（A08）.

［47］田玉梅. 工业分类和工业与环境［J］. 地理教育，2005（1）：15.

［48］王大鹏，王超. 柑橘产业发展的SWOT分析——以江西省赣州市为例［J］. 农村经济与科技，2019（4）：147-148.

［49］王小峰，于志民. 中国新能源汽车的发展现状及趋势［J］. 科技导报，2016（17）：13-18.

［50］我县聚焦现代鞋服首位产业　打赢主攻工业攻坚战［EB/OL］. 赣州市人民政府网，http：//www. ganzhou. gov. cn/c100025/2019-03/12/content_5b5388bfc63f4038b 0faa0e1c9eff4dc. shtml，2019-03-12.

［51］吴瑛，石城全力打造鞋服首位产业［EB/OL］，大江网，http：//www. jxg2. jxneux. com. cn/system/2018/02/24/016769828. shtml，2018-02-24.

［52］肖志东. 深化思想认识纵深推进主攻工业战略［N］. 赣南日报，2016-09-28（005）.

［53］谢再成，王兰英，王波，等. 赣州市油茶产业发展现状与对策［J］. 林业调查规划，2018（6）：148-152.

［54］徐兵. 加快转型升级实现绿色崛起［N］. 人民日报，2014-05-26（013）.

［55］鄢朝晖. 从低档次迈向"高大上"——看南康家具产业如何转型升级［J］. 质量探索，2015（12）：27.

［56］鄢朝晖. 转型升级，"转"出新天地［N］. 江西日报，2017-04-05（A01）.

［57］鄢朝晖. 做大"亩产"满园春［N］. 江西日报，2018-11-05（B01）.

［58］杨嘉盛. 2018年赣州市现代农业主导产业发展研究［J］. 江西农业，2019（8）：73.

［59］杨雅媚，李梦萍. 中国纺织工业如何赢得创新之战［J］. 中国纤检，2019（4）：110-111.

［60］弋亚群，向琴. 我国新能源汽车产业分析［J］. 中国软科学，2009（S1）：60-63.

［61］尹子航，唐磊，沈绪榜. 中国工业物联网的发展研究与对策［J］. 机械工程与自动化，2018（4）：224-226.

［62］喻汇. 服装产业集群的集约式发展模式研究——以江西赣州为例［J］. 经济师，2016（3）：58-59.

[63] 喻双双. 传统产业集群的转型升级之路——以南康区家具产业集群为例 [J]. 经济师, 2018 (6): 32-34.

[64] 张付花. 南康家具产业集群发展的定位和思考 [J]. 家具, 2017 (4): 97-99.

[65] 张付花, 孙克亮. 南康家具产业现状及发展策略 [J]. 木材加工机械, 2017 (5): 24-27.

[66] 张明林, 刘善庆. 民生发展与改革实践——赣南苏区研究 [M]. 北京: 经济管理出版社, 2017.

[67] 张明林, 曾令铭, 张琪. 原中央苏区振兴发展实证研究——以赣南为例 [M]. 北京: 经济管理出版社, 2019.

[68] 张庆彩, 吴椒军, 张先锋. 我国新能源汽车产业链协同发展升级的运行机制及路径探究 [J]. 生态经济, 2013 (10): 122-125.

[69] 张森韬. 江西南康家具产业的成效、不足及优化 [J]. 市场研究, 2017 (6): 33-34.

[70] 赵义, 王云丰, 葛志财. 赣州市外向型经济发展之承接产业转移战略研究 [J]. 中国商论, 2012 (12): 227-229.

[71] 甄朝党. 一种新的工业分类及其发展的战略选择——以云南工业为例 [J]. 云南财经大学学报, 2005 (1): 4-13.

[72] 郑延智. 基于产业集聚的赣州城市化发展研究 [J]. 江西理工大学学报, 2011 (6): 29-32.

[73] 郑友揆. 中国的对外贸易和工业发展 (1840-1948) [M]. 上海: 上海科学院出版社, 1981.

[74] 周国兰, 周吉. 进一步深化江西工业供给侧结构性改革的思考与建议 [J]. 价格月刊, 2018 (4): 1-5.

[75] 周琦. 南康家具业进化史 [J]. 中国经济周刊, 2018 (28): 78-79.

[76] 周亚虹, 蒲余路, 陈诗一, 等. 政府扶持与新型产业发展——以新能源为例 [J]. 经济研究, 2015 (6): 147-161.

[77] 朱红英, 李俊. 从木匠之乡到"国字号"示范区——南康发展家具产业透视 [J]. 质量探索, 2014 (10): 13-14.

参考文献